Hop Step Jump式

税理士事務所職員のための
消費税実務

税理士
芹澤光春
【監修】

税理士
中尾隼大
【著】

中央経済社

はしがき

　税理士事務所で最も基本的な仕事は，会計システムに入力された会計仕訳のチェックや，会計仕訳の入力自体であることが一般的ではないでしょうか？会計仕訳に常に触れることで，税理士事務所のクライアントが行う取引の内容を知り，簿記や業種・経済などさまざまな面で知識を深めていくということは，税理士事務所で働く方の成長を後押しする重要な経験だといえます。

　税理士事務所の仕事として会計仕訳に触れるのであれば，避けることのできない項目が，消費税における課税区分の判断と，その先にある消費税の確定申告書の作成です。コンピュータが世の中に普及して久しく，会計や税務システムのベンダーが税理士事務所に秀逸なシステムを提供する今の時代，システムに正しい情報を反映することさえできれば，誤りのない消費税の確定申告書を作成し，正しい納税額を算定することができるようになっています。

　ところが，消費税という制度は，度重なる税制改正によって，特に納税義務の判定が複雑化の一途をたどるとともに，近年では軽減税率制度とインボイス制度が導入されたために，税理士事務所の実務が極めて複雑で煩雑になっているといえます。また，多様化の時代が背景となり，事業者が独自性のある取引を行ったためにその取扱いに迷うこともあるでしょうし，消費税に関する税理士事務所への賠償請求事案が増えていることをプレッシャーに感じることもあるでしょう。

　このような環境の中では，消費税を基本から学ぼうとする方が，何から手をつければいいのか，わからなくなるかもしれないことが危惧されます。

　そこで，本書は，消費税の実務にはじめて触れる方の理解を深めることを目的として，消費税の実務を行うために学ぶべき項目を***Hop***，***Step***，***Jump***の三層に分けて紹介しています。また，専門用語などの使用をなるべく控えながら実務上の取扱いを随所で紹介し，理解が深まってから学んでほしい項目は大胆に省略をして***Follow-Up***に一覧化しました。

本書の使い方は，とりあえず概要を理解するために*Hop*を，実務上少し難しい項目が出てくるようになったら*Step*を，日常の実務で困らない程度に理解を深めるための学習として*Jump*を，それぞれ確認していただければと思います。本書全体の理解が深まったら，*Follow-Up*の項目を確認してみてください。

　本書が，税理士事務所の実務に関わる皆さまにとって，理解が進んだり，クライアント様へ有効なアドバイスなどができるきっかけとなることができたのなら，筆者としてこれ以上の幸せはありません。

　なお，本書の刊行にあたり，私が税に関する執筆を始めるきっかけを与えてくださった芹澤光春先生に監修をお願いしたところ，快く承諾いただきました。また，株式会社中央経済社の川上哲也様には，本書の企画段階から手厚いサポートをいただきました。芹澤先生，川上様には，この場を借りて心からお礼申し上げます。

　　令和6年8月

税理士　中尾　隼大

目　次

はしがき　3

□　消費税実務の全体像　14

①　課税対象取引

Hop ―――――――――――――――――――――― 18

1　課税対象取引の概要……………………………………18

2　課税対象とはならない取引……………………………19

Step ―――――――――――――――――――――― 20

1　輸入取引………………………………………………21

2　みなし譲渡……………………………………………21

3　給与などの支払いと労働者派遣や出向………………22

4　対価補償金……………………………………………23

5　配当の受領……………………………………………23

6　損害賠償金……………………………………………24

7　会報や機関誌の発行…………………………………25

8　保険金や共済金………………………………………25

9　自社使用など…………………………………………25

10　資産の廃棄・盗難・滅失……………………………25

11　下請け先への原材料などの支給……………………25

12　借家保証金や権利金など……………………………26

13　解約手数料……………………………………………26

14　会費や組合費，入会金………………………………26

5

Jump ——————————————————————————— 27

1 国内取引の判定··27

2 非課税取引や輸出免税取引との関係······························28

Follow-Up ————————————————————————— 30

② 非課税取引

Hop ——————————————————————————————— 32

1 土地の譲渡や貸付け··32

2 有価証券や支払手段などの譲渡····································32

3 利子を対価とする金銭の貸付けなどの金融取引···············33

4 郵便切手類・印紙・証紙・物品切手などの譲渡·················33

5 行政サービス···33

6 健康保険法などに基づく療養や医療などの資産の譲渡等········33

7 介護保険法などに基づく介護サービスなどの資産の譲渡等······34

8 助産に関する資産の譲渡等···34

9 埋葬や火葬に関する役務の提供····································34

10 身体障害者用物品の譲渡や貸付け·································34

11 教育に関する役務の提供や教科用図書の譲渡··················35

12 住宅などの貸付け··35

Step —————————————————————————————— 36

1 土地の譲渡や貸付けで非課税取引とならないもの···············36

2 ゴルフ会員権の譲渡··37

3 支払手段などの譲渡で非課税取引とならないもの···············37

4 療養や医療などで非課税取引とならないもの····················37

5 住宅の貸付けで非課税取引とならないもの······················38

Jump —————————————————————————————— 38

1 不課税取引との相違点···39

2 たまたま土地の譲渡があった場合の課税売上割合に準ずる割合···40

6

目　次

　　3　非課税資産の輸出取引···40
Follow-Up──────────────────────────40

③　輸出免税取引

Hop─────────────────────────────42
　　1　輸出免税取引の概要···42
　　2　輸出免税の適用を受けるための書類の保存·······················45
　　3　免税店（輸出物品販売場）···46
Step─────────────────────────────47
　　1　第三者を仲介者とする輸出···48
　　2　輸入許可後の貨物の譲渡···48
　　3　免税店取引で輸出しない場合···49
Jump─────────────────────────────49
　　1　国内取引の判定と輸出免税取引···49
　　2　国内に支店などを有する非居住者に対する役務の提供············50
Follow-Up──────────────────────────51

④　資産の譲渡等の時期

Hop─────────────────────────────54
　　1　資産の譲渡等の時期の基本的な考え方·······························54
　　2　棚卸資産の譲渡等の時期···54
　　3　固定資産の譲渡等の時期···55
　　4　賃貸借契約などの資産の譲渡等の時期·······························55
Step─────────────────────────────56
　　1　リース契約が行われた場合の資産の譲渡等の時期·················56
　　2　請負契約に基づく資産の譲渡等の時期·······························57
　　3　小規模事業者が行う資産の譲渡等の時期·······························57

7

Jump ——————————————————————————— 58

   1　法人の設立準備中に行われた資産の譲渡等と課税仕入れ………59

   2　賃貸借契約で争いがある場合………………………………………59

Follow-Up ————————————————————————— 60

⑤　課税標準額

Hop ——————————————————————————————— 62

   1　課税標準額は「対価の額」となる………………………………62

   2　売上げの対価として物や権利をもらった場合………………63

   3　金銭の貸付けについて利息が通常よりも安い場合……………63

   4　輸入取引の場合…………………………………………………63

Step ——————————————————————————————— 64

   1　個人事業者の家事消費など……………………………………64

   2　法人の役員に対する贈与や低額譲渡…………………………64

Jump ——————————————————————————————— 65

   1　対価の額が合理的に区分されていない場合…………………65

   2　対価の額が確定していない場合………………………………66

   3　資産を交換する場合……………………………………………66

Follow-Up ————————————————————————— 67

⑥　軽減税率制度

Hop ——————————————————————————————— 70

   1　軽減税率制度の概要……………………………………………70

   2　飲食料品の譲渡の範囲…………………………………………71

   3　新聞の定期購読…………………………………………………72

   4　消費税率引上げ時の経過措置…………………………………73

   5　インボイスに記載される内容…………………………………74

Step ———————————————————————— 75

1 一体資産と一括譲渡 ······················· 75

2 外食とケータリングサービス ······················· 77

Jump ———————————————————————— 79

1 包装材料等 ······································· 79

2 値引きをする場合 ····························· 80

3 委託販売 ······································· 81

Follow-Up ———————————————————— 81

7 売上返還等と貸倒れに関する税額控除

Hop ———————————————————————— 84

1 売上返還等に関する税額控除 ··················· 84

2 貸倒れに関する税額控除 ······················· 86

3 帳簿や書類の保存要件 ························· 86

Step ———————————————————————— 87

1 リベートの算定基準が明示されている場合 ··················· 88

2 リベートの算定基準が明示されていない場合 ··················· 88

Jump ———————————————————————— 88

1 仕入れ側の処理 ······························· 88

2 売上返還等や貸倒れに関する調整ができる事業者 ··················· 89

3 貸倒れが生じたかどうかの判断 ··················· 89

Follow-Up ———————————————————— 90

8 課税期間の単位と短縮・変更

Hop ———————————————————————— 92

1 課税期間の短縮と変更 ························· 92

2 法人の組織変更がある場合 ····················· 93

Step ──────────────────────────────────── 94

1 課税期間を短縮・変更する場合 ················94

2 課税期間とみなす期間 ···················94

3 課税期間の短縮をやめてもとに戻す場合 ···········95

Jump ──────────────────────────────────── 96

1 課税期間の短縮をやめるには期間に制限がある ·········96

2 消費税の各種届出書の提出漏れのリスクを回避できる可能性···96

Follow-Up ──────────────────────────────── 97

⑨ 本則課税による仕入税額控除

Hop ──────────────────────────────────── 100

1 計算の基本的なしくみ ···················100

2 課税仕入れ等とは ····················101

3 全額控除方式 ······················102

4 個別対応方式 ······················102

5 一括比例配分方式 ····················106

6 仕入返還等 ·······················107

7 帳簿の保存 ·······················108

Step ──────────────────────────────────── 109

1 課税売上割合に関する例外 ·················110

2 棚卸資産の税額調整 ···················114

3 調整対象固定資産の仕入税額控除の調整 ···········116

Jump ──────────────────────────────────── 121

1 居住用賃貸建物に関する仕入税額控除の制限 ·········121

2 課税仕入れ等の範囲の判断 ·················123

Follow-Up ──────────────────────────────── 126

10 簡易課税制度による仕入税額控除

Hop —— 128
1 適用に関する手続きと要件 …… 128
2 計算の基本的なしくみ …… 130
3 計算方法の特例 …… 131
4 事業区分の判断 …… 132

Step —— 133
1 簡易課税制度では絶対に還付を受けることができない …… 133
2 事業ごとに区分をしていない場合は不利になる …… 134

Jump —— 135
1 事業区分の判断と日本標準産業分類 …… 135
2 消費税簡易課税制度選択届出書の期限内取下げ …… 136

Follow-Up —— 138

11 インボイス制度（適格請求書等保存方式）

Hop —— 140
1 インボイスの要件など …… 140
2 簡易インボイス …… 142
3 インボイスを発行するための登録と義務 …… 144
4 電子インボイス …… 145
5 交付義務の免除 …… 145
6 インボイス制度の経過措置 …… 146
7 実務上の経理区分 …… 147

Step —— 148
1 令和5年度税制改正と令和6年度税制改正 …… 148
2 クライアントに対するアドバイス …… 150

Jump ──────────────────────────────────── 152

  1　媒介者交付特例···153

  2　仕入明細書の相手方確認···154

Follow-Up ──────────────────────────── 154

12　申告と納付

Hop ───────────────────────────────── 156

  1　消費税の確定申告と納付···156

  2　消費税の中間申告と納付···159

Step ───────────────────────────────── 161

  1　消費税の申告期限の延長···161

  2　確定申告をしなくてもよい場合·································162

Jump ──────────────────────────────── 162

  1　清算法人の場合··162

  2　相続があった場合···163

  3　災害などがあった場合··163

Follow-Up ──────────────────────────── 164

13　経理処理の取扱い

Hop ───────────────────────────────── 166

  1　税込経理方式··166

  2　税抜経理方式··167

  3　それぞれのメリットとデメリット·····························169

  4　2つの方法が併用できる場合····································169

Step ───────────────────────────────── 170

  1　資産に係る控除対象外消費税額等······························171

  2　交際費等に係る控除対象外消費税額等·························171

目　次

3　それ以外の控除対象外消費税額等……………………………171

Jump―――――――――――――――――――――――172

1　仮受消費税等の額と仮払消費税等の額の定義…………………173

2　法人税の所得計算で申告調整が必要な場合…………………173

Follow-Up――――――――――――――――――――174

⑭　納税義務の判定

Hop―――――――――――――――――――――――176

1　事業者免税点制度………………………………………………176

2　事業者が課税事業者となることを選んだ場合………………179

3　特定期間の課税売上高や給与などの額が1,000万円を超えた場合

……………………………………………………………………184

Step―――――――――――――――――――――――186

1　個人事業者が相続によって事業を承継した場合………………187

2　法人が合併した場合……………………………………………191

3　法人が分割などをした場合……………………………………196

4　資本金1,000万円以上で設立された法人の場合………………199

Jump―――――――――――――――――――――――201

1　一定の大規模事業者に支配される法人の場合………………201

2　高額特定資産の課税仕入れ等をした場合……………………203

Follow-Up――――――――――――――――――――206

13

□消費税実務の全体像

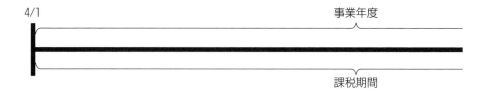

| 日常業務 | 【課税区分判断】
仕入れと売上げ双方を，次のように課税区分判断
・課税対象取引 or 不課税取引（[1]）
・非課税取引（[2]）
・輸出免税取引（[3]）
・その取引の帰属する課税期間（[4]）
・計上すべき対価の額（[5]）
・軽減税率に該当するか（[6]）
・売上返還等や貸倒れの有無（[7]）
・インボイスの保存がある
　and なくても控除が可能
　or ないから経過措置適用（[11]）
【行う処理】
・確定申告・納付と
　中間申告・納付（[12]）
・会計仕訳と課税区分の判断
　（上記 and [13]） | 【検討事項】
・課税期間を短縮することにメリットはあるか（[8]）
・翌課税期間は課税事業者 or 免税事業者のどちらか（[14]）
・翌課税期間に大規模投資などの予定があるか（[9]・[10]）
・仕入税額控除の控除方式は適正か（[9]・[10]） |

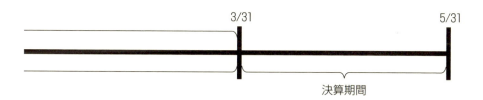

決算期間

【検討事項】
- インボイス発行事業者となるべきかどうか（⑪）
- 交付されたインボイスがその要件を満たしているか（⑪）
- 令和5年改正のインボイスの項目を使用するか（⑪）
- 申告期限の延長をする必要はあるか（⑫）

決算業務

【行う処理】
- 過年度に提出した届出書等の確認（随所）
- 課税区分の判断などの総チェック（①〜⑦）
- 使用する控除方式の確認（⑨・⑩）
- 中間納付額の把握（⑫）
- 基準期間の課税売上高の把握（⑭）

【検討事項】
- 控除方式の有利不利と制限（⑨）
- 簡易課税制度の場合のみなし仕入率（⑩）
- 調整対象固定資産などの制限の有無（随所）

1 課税対象取引

　この章では，消費税を理解するうえですべての基本となる，消費税が課される取引について紹介します。本書では，消費税が課される取引について「課税対象取引」や「資産の譲渡等」と呼んでいきます。

　この章から3までに紹介している内容は，税理士事務所の実務において基本となるものです。というのも，消費税の確定申告書をつくるときには，会計システムに入力された会計仕訳の1つひとつについて，消費税の課税対象となっているのか，課税対象ならどのような制度の適用を受けているかなどという判断を表す「課税区分」が正しく反映されていることが基本となります。

　したがって，会計仕訳をシステムに入力するときや，その入力内容をチェックするときに，その取引が消費税においてどのように判断されるかということを知っておく必要があります。まずはこの章から3までを確認してみてください。

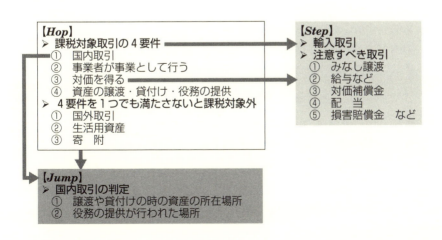

まずは、課税対象となる取引の全体像を確認していきましょう。

1 課税対象取引の概要

消費税は，「日本国内における財やサービスの消費使用」という行為に課税するしくみになっています。そして，財やサービスの消費や使用をするのは消費者ではありますが，それを提供した事業者の取引に対して課税するというしくみにもなっています。

具体的に課税対象取引となるのは，「国内において事業者が行った資産の譲渡等」であり，「資産の譲渡等」の定義について紹介すると，「事業として対価を得て行われる資産の譲渡および貸付けならびに役務の提供」とされています。ちなみに，この「役務の提供」とは，ありとあらゆるサービスを意味しています。

つまり，次の4つの要件をすべて満たす取引であれば，消費税が課される取引となります。

---
① 国内で行われた取引であること
② 事業者が事業として行った取引であること
③ 対価を得て行われた取引であること
④ 資産の譲渡および貸付けならびに役務の提供のいずれかの取引であること

ここで，「事業」とはそもそもどのようなものなのでしょうか。次にこの点を紹介していきます。

参考となるのは，国税庁が示している「消費税法基本通達」です。これは，消費税の制度について，国税庁側がどのように考えているかを示したものですが，税理士事務所の実務においてこの内容を知っておくことはとても有意義です。

そこには，「事業」の性格について，

> 反復，継続，独立して行われることをいう

ということが書かれている部分があります。

　つまり，法人であればすべての取引が「事業」となります。これに対し，個人事業者であれば，生活のためだけに行った取引は事業とはなりません。たとえば，飲食業を営んでいる個人事業者が，食材を仕入れるためにスーパーマーケットに行って購入したものは課税対象取引となりますが，そのついでに晩御飯の食材を購入したとしても，納めるべき消費税の計算には含まれません。

> **Point**
> 4つの要件をすべて満たすもののみが，消費税の課税対象となる取引です。

2　課税対象とはならない取引

　逆にいえば，この4つの要件を1つでも満たさない取引の場合，消費税が課されません。本書では，このような取引を「不課税取引」と呼んでいきます。

　不課税取引の代表的な例を紹介します。

(1)　国外取引

　消費税を課税するしくみは，国内の消費や使用という行為に対して税を課すというものであるため，日本国内で行われた取引のみが対象となります。

　つまり，国外の消費や使用は課税対象とはなりません。具体的には，国外にある資産を譲渡したり，国外でサービスを提供したりする場合には，国内で行われた取引であるとはいえないため，不課税取引となります。

(2) 生活用資産の譲渡

　個人事業者がプライベートで乗っていた車を売却したなどの場合には，個人として事業を営んでいたとしても，その事業とは関係のないプライベート（生活用）の資産を売却したにすぎないため，事業として行われたものとはいえず，不課税取引となります。

　なお，事業用として使っていた車を売却した場合など，事業に関連するものを売却した場合には，事業に付随して行われたものとされて，課税対象取引となります。これを「事業付随行為」といいます。

(3) 寄　附

　募金として寄附を行ったり，ボランティアとして無償で何かのサービスを行ったりする場合には，その見返りである対価を得ていないために，不課税取引となります。これに関連して，試供品や見本品を提供する場合もあると思いますが，これらも対価を得ていないという理由で不課税取引となります。

> **Point**
> 　4つの要件の判断については，特に見返りとしての対価性があるかどうかについて注意する必要があります。

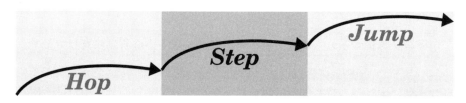

　このように，この4つの要件を満たせば課税対象取引となり，消費税を計算するための基礎となります。しかし，課税対象取引かどうかの判断が難しい場合もあります。ここでは，判断が難しいと思われる代表的な例を紹介していきます。

1 課税対象取引

1 輸入取引

　事業者が輸入取引をした場合，4つの要件を満たしていなくても，その輸入した物品（これを「外国貨物」といいます）には輸入時に消費税が課されるため，課税対象取引となります。

　したがって，事業として行われなくても，その対価を支払っていなくても，消費税を計算するうえでは課税対象取引となります。

> **Point**
> 輸入取引は，4つの要件を満たさずとも課税対象取引となります。

2 みなし譲渡

　たとえば，個人事業者が事業用の在庫を自分で消費したり，法人の役員が法人の資産を自分名義としたりなど，個人事業者や法人の役員は，その立場を利用することで事実上，対価を支払わずに資産を消費使用することができてしまいます。

　具体的には，飲食業を営む個人事業者が，食材をプライベートの夕食用に使ったり，卸売業を営む法人が取り扱っている在庫を，無料で，または安い金額で役員にあげたりする場合です。

　このような行為に対して，見返りとしての対価を受け取っていないためだけで消費税の課税対象取引とならないのであれば，不公平感が生じます。個人の食材はレストランで料理として出していれば，法人の在庫は取引先に卸していれば，売上げを得ることができるためです。

　そこで，このバランスをとるために，次のような特例が準備されています。

(1) 個人事業者の家事消費など

　個人事業者が，事業のための棚卸資産（在庫となる商品）やそれ以外の事業用資産（固定資産など）を家事のために消費や使用した場合は，課税対象

21

取引とみなされます。これを「家事消費など」といいます。なお，この家事消費などには，その個人事業者と生活費を共にして生活している親族によるものも含まれます。この生活費を共にしていることを税務上の言葉で「生計を一にする」といいますので，覚えておきましょう。

なお，個人事業者が廃業した場合，その時点で事業のために用いていた在庫などの資産は，その後，個人事業者ではなくなった個人が使用することが予想されるため，それらの資産は家事消費などがされたものとみなされます。

つまり，個人事業者が事業を廃業した場合に残っていた資産に関しては，課税対象取引となります。

(2) 法人の役員に対する贈与や低額譲渡

法人がその役員に対して資産を贈与したり低額譲渡をしたりした場合には，その時の時価で課税対象取引がされたとみなされます。ちなみに，法人が役員に対して行う無償の貸付けや役務の提供については，この対象とはなりません。

Point

実際の対価がなくても，対価があるとみなされる取引がみなし譲渡です。

3　給与などの支払いと労働者派遣や出向

役員報酬や従業員への給与などの支払いは，労働の対価であり，「事業」として行う資産の譲渡等の対価に当たらないため，不課税取引となります。

なお，役員や従業員へ支給するものがすべて不課税取引となるというわけではなく，役員や従業員を対象に支給する出張などの日当や，従業員へ支給する通勤手当などは，通常必要だと認められる部分は課税対象取引とされ，支払った事業者側にとっての課税仕入れとなります。この課税仕入れについては，⑨で紹介しています。

また，これに似ているものとして，労働者派遣料や出向負担金があります。

労働者派遣とは，次のようなことをいいます。

【労働者派遣とは】

　自己の雇用する労働者を，その雇用関係の下に，かつ，他の者の指揮命令を受けて，その他の者のために労働に従事させるもので，その他の者とその労働者との間に雇用関係のない場合をいう。

　この場合，労働者を派遣したことに対する対価として派遣料を受け取ることから，対価として認められるため，課税対象取引となります。

　これに対して，出向負担金は課税対象取引にはなりません。その事業者が雇用する労働者を出向させるため，労働者の派遣に対する対価とは異なる性格があるからです。

4　対価補償金

　事業者が事業を営むうえで，さまざまな理由で補償金を受け取ることがあります。たとえば，減少する収益の補てんである収益補償金，休業などによって生じる経費の補てんである経費補償金，そして資産の移転経費の補てんである移転補償金などがあります。このような補償金は，資産の譲渡等の対価として受け取る性質のものではないため，通常は課税対象取引とはなりません。

　これに対し，自治体が行う収用などによって建物を取り壊す際に受け取る対価補償金は，実質的に建物を譲渡した対価であると考えられるため，対価を得たものとして課税対象取引となります。

5　配当の受領

　法人へ出資して株式を持っていることを理由として受け取る配当金は，株主や出資者の地位に基づいて支払われるもので，何かの資産や役務を法人に提供した対価として受け取るものではありません。したがって，不課税取引となります。

6 損害賠償金

　何らかの損害を受けて，それに伴って損害賠償金を受け取る場合，心身や資産に加えられた損害に関して受け取るのであれば，対価に該当しないとして不課税取引となります。資産に関しては，損害を受けて価値が下がった補てんとして受け取るもので，その資産を引き渡した対価として受け取るものではないからです。

　これに対して，損害を受けた商品を，損害を与えた側に引き渡すなど，商品の引渡しと損害賠償金との間に対価性があると認められる場合には，課税対象取引となります。

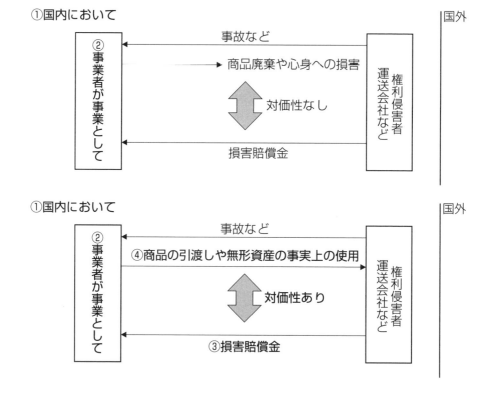

7 会報や機関誌の発行

同業者団体などが対価を受け取って会報や機関誌を発行している場合，それは資産の譲渡等の4つの要件を満たすために課税対象取引となります。

これに対し，その会報などが通常の業務の運営の一環として発行され，会員や組合員などの構成員に配布されている場合は，課税対象取引とはなりません。

8 保険金や共済金

保険事故が発生したなどの理由で受け取る保険金などは，保険事故がなければ受け取ることのないものであるため，課税対象取引にはなりません。

9 自社使用など

法人である事業者自身が，その事業のために，たとえば広告宣伝や試験研究のために商品や原材料などを使用した場合には，課税対象取引にはなりません。

これまでに紹介した個人事業者の家事消費などとの違いに注意してください。

10 資産の廃棄・盗難・滅失

棚卸資産やそのほかの事業用資産について廃棄をしたり，盗難によって失われたり滅失したりした場合には，その棚卸資産などを引き渡したわけではないため，課税対象取引にはなりません。

11 下請け先への原材料などの支給

事業者がその業務の一部を下請け先に外注することはよくあることです。この場合，その下請け先に，事業者が下請け業務のための材料などを支給して，その対価を受け取ることがあります（これを「材料有償支給など」といい

ます）。対価を受け取っている場合，資産の譲渡等の4つの要件を満たし，課税対象取引となります。

　しかし，この場合でも，発注者となる事業者が，その材料などを自ら管理するような場合には，課税対象取引にはなりません。ちなみに，この場合において下請け側は，その材料は課税仕入れ等とはせずに，元請け側である事業者から支払われた対価から，その材料有償支給として支払った額を控除したものを，資産の譲渡等の対価とすることになります。

　課税仕入れ等については，⑨を確認してみてください。

12　借家保証金や権利金など

　建物に入居するための賃貸借契約などにおいて，貸す側が保証金や権利金，敷金などを受け取る場合があります。このうち，賃貸借契約が終了したことなどによって返還しない部分については，対価となるため，課税対象取引となります。

　しかし，敷金などの契約などによって返還するものは，単なる預り金であるため，対価とはならずに，課税対象取引になりません。

13　解約手数料

　商品などを予約した後に解約などをすると，キャンセル料，取消料，解約損害金などが発生することがあります。キャンセル料や解約損害金などは対価性がないため，基本的には不課税取引です。

　しかし，実質的にそのキャンセル料などの授受によって，解約事務を行うなどの場合には，キャンセル料などが対価となり，課税対象取引となります。

14　会費や組合費，入会金

　同業者団体などが受け取る会費や組合費などについては，その団体などが構成員に対して行う役務の提供と，その会費などとの間に明白な対価関係があるかどうかに注目して判断します。

この判断はとても困難です。そこで、その団体などが受け取った会費などを資産の譲渡等の対価とせずに、支払った構成員などが課税仕入れ等にしていないことを継続している場合には、これが認められます。

これに対し、その会費などが実質的に出版物の購読や映画鑑賞などの入場料、研修費などの対価として認められる場合には、課税対象取引となります。

これは、入会金についても同様です。明白な対価関係があるかどうかによって判断することになります。

> **Point**
> これら3から14の取引は、実質的に、見返りとしての対価があるといえるかどうかという部分に注目して判断していくことになります。

課税対象取引について、ここまでは特に対価があるかどうかに注目して紹介してきました。ここでは、国内外にわたる取引について考えてみましょう。

以前は税理士事務所の実務でそれほど気にすることでもありませんでしたが、最近は中小企業でも海外展開する法人が多くなってきています。このような国際取引が課税対象取引となるのかどうかを判断するためには、国内において行われたかどうかという点も重要となります。ここでは国内取引の判定のための重要な論点を紹介していきます。

1　国内取引の判定

資産の譲渡等が国内において行われたかどうかの判断は、資産の譲渡および貸付けと、役務の提供に分けて、次のように行います。

資産の譲渡・貸付け	譲渡・貸付け時の資産の所在場所
役務の提供	役務の提供が行われた場所

　このように，それぞれその資産の譲渡等が行われた時点で，その場所が国内かどうかによって判断していくことが原則です。なお，日本に居住しておらず，たまたま日本に来ているだけの外国人旅行者など（本書では「非居住者」と呼んでいきます）が，国内で資産の譲渡等を行った場合であっても，国内において行われたことになります。この話は，「輸出免税取引」にも関連する話であるため，詳しくは③を確認してみてください。

　また，その資産の種類によっては，その資産がどこに所在しているものなのか，その場所が明らかではない場合があります。たとえば，世界中を移動する航空機や船舶などや，物理的なモノが存在していない特許権などの無形資産を譲渡したり，貸付けをしたりする場合です。

　航空機や船舶の譲渡や貸付けが国内において行われたかどうかの判断について，まずはその航空機や船舶がどの国で登録を受けているのかの確認が必要です。これは，各国の規制によりこれらの航空機や船舶の運航のために登録を受けている場合があり，日本においても登録制度があります。どの国にも登録がないような場合にのみ，国内で行われたかどうかの判断について，その譲渡や貸付けを行う者の所在地で判断することになります。

　そのほか，特許権などの無形資産関係の国内取引の判定については，③の輸出免税取引の項目で詳しく紹介しています。

2　非課税取引や輸出免税取引との関係

　ここで，②で紹介している非課税取引や，③で紹介している輸出免税取引との関係について，その全体像を紹介しておきます。

　この章で紹介した課税対象取引は，消費税の計算において課税対象となるかどうかということでした。つまり，課税対象となるのは「資産の譲渡等」

であって，それは「事業として対価を得て行われる資産の譲渡および貸付けならびに役務の提供」に当たるかどうかという内容でした。言い換えると，この4つの要件を満たさなければ課税の対象とはならないという話でした。

これに対し，2や3で紹介している非課税取引も輸出免税取引も，資産の譲渡等であることには変わりなく，消費税を計算するうえで課税対象取引となるものです。

つまり，非課税取引も輸出免税取引も，消費税において課税の対象とはなりながら，通常の課税の対象とは異なる取扱いとなっているという点を念頭に，2と3を読んでみてください。

それぞれの関係を図にしたものを次に示しておきます。この図は，課税区分の判断にも使用できます。

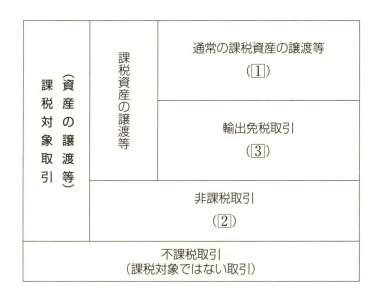

> **Point**
> その取引が国内で行われたかどうかの判定は，登録機関の所在地で判断し，登録がない場合に譲渡や貸付けを行う者の所在地などで判断します。

Follow-Up

　この章では，消費税の基本として，課税対象取引の概要について紹介しています。最も重要なのは，資産の譲渡等について，実質的な対価を得ているかどうかです。課税対象取引についてさらに勉強したい方は，たとえば次のような論点を勉強すると，理解がさらに深まると思います。

① 代物弁済や負担付き贈与
② 特定課税仕入れ等（リバースチャージ方式＝電気通信利用役務の提供＋特定役務の提供）
③ 資産の譲渡等を行った者の実質判定
④ 貸付型土地信託の取扱い

2

非課税取引

　この章では，非課税取引について紹介します。

　①の最後で紹介したように，非課税取引は，「非課税」とされていても，消費税の計算では課税対象取引とされるものです。その取引の性質をみると，国が消費税を課すうえで「消費」になじまない性質であったり，社会政策上の配慮のために消費税を課すべきでないと判断できるものであったりするために，課税対象取引となりながら非課税となる取引があります。

【Hop】
➤ 次の取引は非課税取引
① 土地の譲渡や貸付け
② 有価証券や支払手段などの譲渡
③ 金銭の貸付けなどの金融取引
④ 郵便切手や印紙・証紙などの譲渡
⑤ 行政サービス
⑥ 健康保険法などに基づく医療などの資産の譲渡等
⑦ 介護保険法などに基づく介護サービスなどの資産の譲渡等
⑧ 助産としての資産の譲渡等
⑨ 埋葬や火葬としての役務の提供
⑩ 身体障害者用物品の譲渡や貸付け
⑪ 教育としての役務の提供や教科用図書の譲渡
⑫ 住宅の貸付け

【Step】
➤ 例外的に非課税取引とはならない取引
① 1か月未満の土地の貸付けなど
② ゴルフ会員権や収集用記念硬貨などの譲渡
③ 差額ベッド代や予防接種・自由診療
④ 1か月未満の住宅の貸付けやホテルなどへの宿泊

【Jump】
➤ 不課税取引との相違点
➤ 土地を譲渡した場合の課税売上割合との関係

　まずは，消費税の課税対象取引となりながら，そのうえで非課税とされる取引の全体像について確認していきましょう。消費税を計算するしくみにおいて，非課税となる取引は次のものがあります。

1　土地の譲渡や貸付け

　土地は，使用しても土地自体が減るものではありません。つまり，土地の売り買いをしても，貸し借りをしても，「土地を消費した」とはいいにくい面があります。このような理由から，土地の譲渡や貸付けは，課税対象取引でありながら非課税取引となるとされています。
　なお，非課税取引となるのは，土地そのものだけではなく，借地権などの土地の上にある権利関係に関する取引も含まれることを知っておきましょう。

2　有価証券や支払手段などの譲渡

　有価証券（国債や社債などを含みます）などの譲渡や，支払手段（金銭債権や銀行券，約束手形など）を譲渡した場合，これらそのものを譲渡しても消費になじまないとして非課税取引となります。
　これは，土地と同じように，たとえば支払手段である1万円札そのものを売り買いしたとしても，そのお金の価値が減るものではないためです。
　ちなみに，この有価証券や支払手段などの譲渡に関しては，9で紹介する課税売上割合の計算において，特別な制度があります。詳しくは9を確認してみてください。

3　利子を対価とする金銭の貸付けなどの金融取引

　預貯金などを貸したことによる利子に加え，保証協会などへ支払う信用保証料，公社債投資信託の信託報酬や保険料などについても，その取引自体で価値が減少するというものではないために，消費になじまないとして非課税取引となります。

4　郵便切手類・印紙・証紙・物品切手などの譲渡

　切手などは，はがきなどに貼って消印を受けて使用した時にはじめて価値が減少するものです。つまり，郵便切手類などそのものを譲渡した時点ではそれを消費したものとはいえないため，非課税取引となります。なお，「物品切手など」とは，プリペイドカードや商品券のことです。

　これらの場合には，実際に使用した時にはじめて消費したものとして課税対象取引となります。

5　行政サービス

　国，地方公共団体などが行う一定の事務で，法令に基づいて手数料が徴収されるものは，社会政策的な配慮から非課税取引となります。

　この「一定の事務」とは，たとえば，登記，登録，特許，免許，許可，検査，検定，試験，証明，公文書の交付などがあります。なお，これには，外国為替取引など一定の業務も含まれます。

6　健康保険法などに基づく療養や医療などの資産の譲渡等

　医療などは国民の健康に関わる重要な存在であるため，健康という生活の根幹部分にまで消費税を課すのは適切ではないという社会政策上の配慮がされており，健康保険法などに基づく療養や医療などの取引については，非課税取引となります。

たとえば，健康保険が適用される医師の診療を受けた場合などです。この場合，医師は資産の譲渡等を行った側となりますが，その診療報酬は非課税売上げとなります。

7　介護保険法などに基づく介護サービスなどの資産の譲渡等

6の場合と同じように，介護という生活の根幹部分にまで消費税を課すのは適切ではないという社会政策上の配慮がされているため，介護サービスなどの取引については，非課税取引となります。

たとえば，介護サービスを行う事業者にとって，その対価は非課税売上げとなります。

8　助産に関する資産の譲渡等

助産は生命の始まりに関するものです。生命の誕生に関するものにまで消費税を課すのは適切ではないという社会政策上の配慮がされています。したがって，助産に関する役務の提供は非課税取引となります。

こちらについても，助産に関して受け取った対価は，非課税売上げとなります。

9　埋葬や火葬に関する役務の提供

埋葬や火葬は生命の終わりに関するものです。生命の終わりに関するものまで消費税を課すのは適切ではないという社会政策上の配慮がされています。したがって，埋葬や火葬としての取引は非課税取引となります。

こちらについても，埋葬や火葬を提供する事業者にとっては，非課税売上げとなります。

10　身体障害者用物品の譲渡や貸付け

身体障害者用物品は，身体障害者の方にとって生活の基礎となる重要なも

ので，生活の根幹部分にまで消費税を課すのは適切ではないという社会政策上の配慮がされています。したがって，厚生労働大臣が指定する一定のものが非課税取引となります。

この「一定のもの」とは，たとえば義肢，視覚障害者安全つえ，義眼，点字器，人工喉頭，車いすなどがあります。

したがって，たとえば車いすの製造販売を行う事業者は，車いすの販売は非課税売上げとなるのに対し，車いすの材料の仕入れについては課税仕入れとなります。この話は⑨でも紹介しているので，そちらを確認してみてください。

11 教育に関する役務の提供や教科用図書の譲渡

学校教育法に規定する学校などの授業料や入学金など，そして文部科学大臣の検定を経た教科用図書の譲渡などは，児童や生徒の学習に関するもので，このような部分にまで消費税を課すのは適切ではないという社会政策上の配慮がなされているため，非課税取引となります。

したがって，学校や教科書などを販売する事業者は，これらの売上げが非課税売上げとなります。

ちなみに，教科用図書は「譲渡」のみが非課税取引となって，貸付けなどは非課税取引にはなりません。

12 住宅などの貸付け

建物の譲渡や貸付けは，通常の課税資産の譲渡等となることが原則です。1で紹介した土地とは異なり，建物を対象とした取引については使用や時間の経過によって価値が減少するもので，消費になじむため，消費税において通常の課税資産の譲渡等となります。そのため，たとえば建物を売却したり，事務所の家賃を受け取ったりという取引については通常の課税資産の譲渡等となります。

しかし，家賃のうち，住宅や居住用建物を対象とするものに関しては，住

宅などが国民生活の基盤で，生活の根幹部分にまで消費税を課すのは適切ではないという社会政策上の配慮がなされているため，非課税取引となります。

非課税取引に該当する住宅かどうかの判断については，契約書の記載や実態を確認することになります。具体的には，その契約上，人の居住用とされることが明らかであるもの，または貸付けなどの状況から見て人の居住用とされることが明らかなものが，非課税取引の対象となります。

> **Point**
> これらに該当しなければ非課税取引とはならず，通常の課税資産の譲渡等となります。

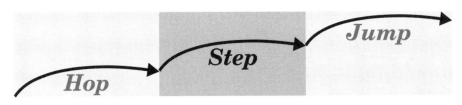

非課税取引に該当しそうな取引でも通常の課税資産の譲渡等となる場合もあります。ここでは，その代表的な例を紹介します。

1　土地の譲渡や貸付けで非課税取引とならないもの

土地の貸付けは，原則として非課税取引となりますが，次のような取引は，非課税取引にはなりません。

> ①　1か月未満の貸付期間で土地を貸し付ける場合…物を短期的に保管するサービスと考えられ，消費に近い取引であるとされるため。
> ②　野球場やテニスコートなど，施設の利用に伴って土地を一時的に貸し付ける場合…土地ではなく，施設の使用料として取引が行われると考えられるため。
> ③　駐車場や駐輪場として土地が使用されている場合で，一般的な青空駐車場以外の土地を貸し付ける場合…ラインが引いてあったり，フェンスやアスファルト舗装などが施されている場合には，入出庫に関する管理という役務の提供が

行われたとされるため。

④　土地等の譲渡などに関して，不動産業者などに仲介手数料を支払う場合…この仲介手数料は，仲介という役務の提供であるため。

　これらは，消費という性質になじみ，または土地そのものを対象とした取引ではないと考えられるため，例外的に通常の課税資産の譲渡等となるという取扱いとなっています。

2　ゴルフ会員権の譲渡

　Hop 2 のとおり，有価証券や支払手段などの譲渡は非課税取引となります。しかし，ゴルフ会員権を譲渡した場合は，通常の課税資産の譲渡等となります。

　この理由は，ゴルフ会員権の譲渡が，ゴルフをプレーするためであり，ここに対価性が認められるからです。

3　支払手段などの譲渡で非課税取引とならないもの

　収集用の記念硬貨を譲渡した場合，非課税取引にはなりません。これも *Hop* 2 で紹介した支払手段などの譲渡の例外です。

　具体的には，古銭（江戸時代の小判などが有名）やオリンピック記念硬貨などを売り買いした場合には，支払手段を目的とするものではない譲渡であるため，非課税取引とはなりません。

4　療養や医療などで非課税取引とならないもの

　入院した場合の差額ベッド代や美容整形などの自由診療の対価として支払うものや，医師や歯科医師に診断書を発行してもらう手数料，そしてインフルエンザなどの予防接種の対価として支払うものは，非課税取引にはなりません。これらは健康保険法などに基づいているものではなく，療養に必ずしも必要なものでもなく，自身の選択として医療などの提供を受けているということが理由です。

なお，ここで紹介した差額ベッド代などについては，療養や医療などに限ります。つまり，**Hop** 8 で紹介した助産としての差額ベッド代などについては，その全額が非課税取引となる点に注意が必要です。

5　住宅の貸付けで非課税取引とならないもの

貸付けの期間が1か月未満である住宅の貸付け，そしてホテルや旅館等への宿泊は非課税取引にはなりません。これは，一時的な滞在となる役務の提供で，住宅としての性格にはなじまないということが理由です。

なお，1か月未満の住宅の貸付けには，ウィークリーマンションなどの貸付けがあります。

> **Point**
> そもそも非課税取引は国民生活への配慮のためのものという事情を背景として，非課税取引となりそうでも課税対象取引となる取引は，消費という性質になじむものであったり，ぜいたく品と考えられたりするものが該当する傾向にあります。

事業者の取引が非課税取引と判断できた場合，会計システム上，売上げであれば非課税売上げに，仕入れであれば課税仕入れには該当しないものとして課税区分を反映させることになります。このような処理をすることで，確定申告において消費税額を計算するための基礎が整います。

ここで，日頃の実務における課税区分の判断のために，非課税取引となる場合について，もう少し理解を深めていきましょう。

2　非課税取引

1　不課税取引との相違点

　①で紹介したように，消費税の課税の対象となるためには，4つの要件を満たすことが必要ですが，その中でも，対価が伴う取引であるということが重要です。逆にいえば，対価が伴わない取引は，不課税取引として，消費税の課税対象取引にはなりません。

　これに対し，非課税取引は，4つの要件を満たすことで課税対象取引となったうえで，つまり本来は消費税が課されるべきところ，消費になじまないものや，社会政策上の配慮という理由で消費税が課されないとされているものです。

　ここで，非課税であっても不課税であっても，消費税は課されない，つまりは税込価格＝税抜価格となるのだから，非課税取引と不課税取引の違いについてそこまで厳密に考えなくてもいいのではないかと感じるかもしれません。

　ところが，両者の違いを理解しておくことは大変重要です。というのも，非課税取引に関してのみ，売上げ側の課税売上割合に反映されるためです。

　課税売上割合の詳細は⑨で紹介していますので，ここでは簡単な紹介に留めますが，一般に，課税売上割合が高ければ高いほど，消費税の納税額が減少するというしくみになっています。つまり，不課税取引であれば課税売上割合に影響しませんが，非課税取引があれば課税売上割合が下がる形で影響するため，非課税取引の課税区分判断が消費税の納税額に大きく影響するのです。

　なお，仕入れ側においては，会計システム上は両者を区分して入力する仕様となっているものが多いようですが，不課税仕入れと非課税仕入れのいずれにしたとしても，消費税の納税額の計算のしくみ上，影響はありません。

> **Point**
> ・非課税売上げか不課税売上げかの判断は，納税額に影響があります。
> ・非課税仕入れか不課税仕入れかの判断は，納税額に影響がありません。

39

2 たまたま土地の譲渡があった場合の課税売上割合に準ずる割合

　非課税売上げかどうかの判断が消費税の納税額に大きく影響することから，実行した場合に非課税売上げが大きく増加する土地の譲渡について，納めるべき消費税額が増えるために実行できないという場合もあるかもしれません。

　このような場合には，その土地の譲渡がたまたま発生した単発的なもので，そしてその土地の譲渡をしなかったとしてもその事業者の事業の実態に変化がないのであれば，課税売上割合とは異なる割合で消費税の計算をしてもよいというしくみがあります。

　詳細は⑨で紹介していますので，そちらを確認してみてください。

3 非課税資産の輸出取引

　また，③では輸出免税取引について紹介しています。

　ここで，非課税取引の対象となる物品，たとえば身体障害者用物品である車いすなどを輸出した場合には，非課税資産の輸出取引などとして特別な取扱いがあります。

　こちらについても，⑨で紹介していますので，確認してみてください。

Follow-Up

　この章では，非課税取引の概要について紹介しています。さらに勉強したい方は，たとえば次のような論点を勉強すると，理解が深まると思います。

---
① 暗号資産（仮想通貨）の取扱い
② 消費税法上の「課さない（非課税）」と「免除する（輸出免税）」の違い

3

輸出免税取引

　この章では，輸出免税取引を紹介します。

　この輸出免税取引は，輸出を行う事業者にとっては消費税額の還付に結びつくため，課税区分を判断するうえで重要な論点です。

　①からこの章までに紹介している取引の内容を押さえれば，日々の実務における課税区分の判断についてひと通り理解したことになります。

【Hop】
➢ 次の取引は輸出免税取引 ────────→
　① 　国内からの輸出としての資産の譲渡や貸付け
　② 　外国貨物の譲渡や貸付け
　③ 　国内 - 国外間の輸送や通信
　④ 　外国貨物の荷役・運送・保管・検数・鑑定など
　⑤ 　非居住者に対する特許権などの譲渡や貸付け
　⑥ 　非居住者に対する役務の提供のうち国内で直接便益を享受しないもの
➢ 輸出免税となるためには一定書類の保存が必要
➢ 免税店の取引も輸出免税となる

【Step】
➢ 例外的に輸出免税とはならない取引
　① 　第三者を仲介者とした輸出
　② 　輸入許可後の貨物の譲渡
　③ 　免税店取引で輸出しない場合

【Jump】
➢ 国内取引の判定と輸出免税取引の判定

　輸出免税取引は,非課税取引と同じように,消費税の課税対象取引となりながらもその取引の性格を背景として,例外的に取り扱われるものです。具体的には,輸出免税取引となれば,課税対象取引とはなりながらも消費税が免除されることになります。まずは全体像を確認していきましょう。

1　輸出免税取引の概要

　日本国内で取引を行った場合,それが課税対象取引（1で紹介しています）で,かつ,非課税取引（2で紹介しています）に該当しない限り,消費税が課されるということになります。

　しかし,商品を国外に輸出するなど,国境をまたぐ取引を行う場合に限り,その取引の消費税が免除されるしくみになっていて,これを「輸出免税」といいます。輸出した取引に関する消費税が免除されるのは,輸出という性質上,日本国内で「消費」という行為が行われたということができず,海外で消費が行われることが明らかな取引にまで消費税を課すのは適切ではないということが理由です。

　日本国内で行った商品の仕入れは課税仕入れとなるため,通常の仕入税額控除が可能です（仕入税額控除は9で紹介しています）。そして,その仕入れた商品を国外に輸出すると,その売上げについて消費税が免税となるというしくみであるため,輸出取引をメインとする事業者にとって,消費税が還付されるケースも多いです。

　ここで,消費税が免除される主な輸出取引は,次のものがあります。

3 輸出免税取引

【消費税が免除される輸出取引の範囲】
① 国内からの輸出として行われる資産の譲渡や貸付け
② 外国貨物の譲渡や貸付け
③ 国内と国外との間の輸送や通信
④ 外国貨物を対象とした荷役・運送・保管・検数・鑑定などの役務の提供
⑤ 非居住者に対する特許権などの譲渡や貸付け
⑥ 非居住者に対する役務の提供のうち国内で直接便益を享受しないもの

これから，1つひとつを紹介していきます。

(1) 国内からの輸出として行われる資産の譲渡や貸付け

これは通常の輸出といえる取引です。輸出をするとその商品が国内で消費されたとはいいがたいからこそ，輸出免税の対象とされていて，消費税が免除されます。

ちなみに，この輸出免税取引として取り扱っていいのは，実際の輸出を行う事業者のみです。たとえば，輸出を行う事業者が，輸出をするための製品の加工を下請けに依頼していた場合において，この下請け業者は，受け取った対価について輸出免税取引とすることはできません。この場合，あくまで国内で加工して，依頼をした事業者に引き渡しただけの取引であるため，通常の課税資産の譲渡等となります。

(2) 外国貨物の譲渡や貸付け

外国貨物とは，保税地域（外国貨物の保管や加工などを行う場所）内に存在する，輸出許可を受けた貨物と輸入許可前の貨物をいいます。このような外国貨物について保税地域内で譲渡や貸付けを行った場合には，輸出と同様の性質があるために輸出免税取引となります。

なお，輸入許可を受けた後の貨物を譲渡した場合には，それが保税地域内にあるものであっても，国内にある資産を譲渡した取引と同じものであるとして，輸出免税取引になりません。あくまで，輸出許可を受けた貨物と輸入

43

許可前の貨物が，輸出と同じような性質があるということに注目したしくみとなっています。

(3) 国内と国外との間の輸送や通信

国内と国外の地域の間で行われる旅客・貨物の輸送や通信のうち一定のものは，輸出免税の対象となります。

たとえば，海外に向かう航空機に乗客を乗せたり，郵送したりする取引です。この場合には，国内出発便に限られていないため，国外から国内向けのものも対象となります。

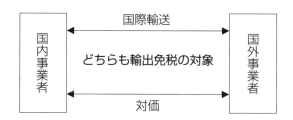

(4) 外国貨物を対象とした荷役・運送・保管・検数・鑑定などの役務の提供

保税地域内にある外国貨物などを対象に，荷役・運送・保管・検数・鑑定などの役務の提供が行われることがあります。このような役務の提供は，輸出免税の対象となり，消費税が免除されます。

これは，輸出の許可を受けている貨物に対して，運搬したり保管したりという一定のサービスについては，すでに輸出済みの資産に対して行われる役務の提供で，輸出と同じような性質であるためです。

(5) 非居住者に対する特許権などの譲渡や貸付け

輸出は，基本的には，国境をまたぐ物理的なモノの移動があります。しかし，国外から特許権の使用料を受け取る取引などの場合，物理的なモノの移動がなくとも輸出と同じような効果が生まれます。そのため，このような取

引も輸出免税の対象となるというしくみになっています。

⑹ 非居住者に対する役務の提供のうち国内で直接便益を享受しないもの

　非居住者に対して国内でデザインを行ったり，非居住者から材料無償支給を受けて国内で加工したりするという役務の提供は，国内でそのサービスの提供が完結しているとはいえないため，輸出免税の対象となります。

　なお，逆にいえば，外国人旅行者などの非居住者に対する役務の提供のうち，たとえば飲食に関するもの，宿泊に関するもの，移動に関するものなどの国内でのみ行われるサービスは，輸出免税の対象となりません。これは，たとえば外国人旅行者が国内でラーメンや寿司を食べても，その飲食店が会計時に消費税を請求するように，国内の飲食店で食べ終わった時点で，役務の提供が終わっていると考えられるためです。

┃Point┃

　輸出取引の形態は，モノの移動だけではなく，それと同じような効果のあるさまざまな取引が対象となる可能性があります。

2　輸出免税の適用を受けるための書類の保存

　輸出免税取引により消費税が免除されるということは，事業者にとってメリットが大きいものとなります。このようなメリットを無条件で与えることには少し問題があるため，輸出免税の適用を受けるためには，輸出がされたということを示す各種の証明書を保存しておく必要があります。

　具体的には，次に示すように，その輸出を行った日の翌課税期間の開始日から2か月を経過した日から7年間，保存しておかなければなりません。

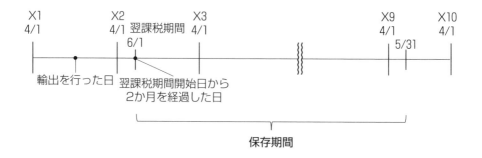

【輸出免税を受けるための証明書の主な保存要件】
① 輸出として行われる譲渡や貸付け…輸出許可書
② 郵便物の輸出…（20万円を超えるもの）税関長の証明書
　　　　　　　　（20万円以下のもの）輸出の事実を証明する帳簿または書類
③ 国際輸送や国際通信など…発送した事実を記載した帳簿または書類
④ 外航船などに積み込む指定物品の譲渡…船（機）用品積込承認書
⑤ そのほか…契約書その他の書類

> **Point**
> 証明書などの保存がなければ輸出免税が適用されず，通常の課税資産の譲渡等となります。

3　免税店（輸出物品販売場）

　免税店で外国人旅行者に商品を販売した場合，購入した外国人旅行者は購入した商品を持って国外に出国するという流れが自然です。このような免税店で商品を販売することは，国内の消費に対して課税するという消費税のしくみになじまず，実質的には輸出をするのと同じような性質であるため，免税店での商品の販売についても消費税が免除されるというしくみがあります。これを「免税店取引（輸出物品販売場取引）」といいます。

3 輸出免税取引

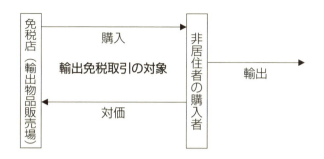

その対象となる物品は、輸出目的で購入される物品のうち、生活のために使用するための物品です。つまり、金や白金などの地金、事業や販売のために購入されることが明らかな物品は免税とはなりません。

ちなみに、免税対象となるかどうかの基準には、次のような金額の制限もあります。

免税対象物品の区分	一般物品（家電、バッグ、衣料品等《消耗品以外のもの》）	消耗品（飲食料品、医薬品、化粧品その他の消耗品）
販売価額（税抜）の合計額	5,000円以上	5,000円以上50万円以下

また、免税店は、輸出免税の適用を受けるためには、一定の手順で手続きを行う必要があります。

> **Point**
> 免税店が行う商品の販売も、一定の要件を満たせば消費税が免除されます。

一見すると輸出免税が適用されそうな取引であっても、消費税が免除されない取引もあります。そこで、課税区分を判断するための代表的な事例を具

体的に紹介します。

1　第三者を仲介者とする輸出

　輸出を行うには一定の手続きを行う必要があるため，輸出代行業者に依頼して代行で輸出してもらうケースも少なくありません。特に，個人の副業などでこのような傾向が見られます。

　しかし，この場合には，輸出代行業者の名義で輸出をした形となってしまうため，このままでは実際に輸出した者である依頼者は輸出免税の適用を受けることができません。

　そこで，実際の輸出者は「消費税輸出免税不適用連絡一覧表」を輸出代行業者へ交付することで，輸出免税の適用を受けることができるというしくみがあります。この場合，輸出代行業者はこれを受け取り，確定申告書に添付することが必要です。

> **Point**
> 「消費税輸出免税不適用連絡一覧表」を使用しなければ，実際の輸出者が輸出免税の適用を受けることができず，思わぬ課税を招く可能性があります。

2　輸入許可後の貨物の譲渡

　Hop 1(2)のとおり，外国貨物の譲渡や貸付けは輸出免税取引となります。つまり，輸出許可を受けた貨物や輸入許可を受ける前の貨物を譲渡した場合には，消費税が免除されます。

　逆にいえば，輸出許可前の貨物や輸入許可を受けた貨物について譲渡や貸

付けをした場合には，国内にある資産について譲渡や貸付けをしたものであるため輸出免税の対象とはならず，通常の課税資産の譲渡等とされます。

3　免税店取引で輸出しない場合

免税店における消費税の免税は，販売後に国外に持ち出されることが前提です。

逆にいえば，免税店で物品を購入した者が，日本国内でその物品を使用した場合など，国外に持ち出さない場合は，輸出免税取引の対象とならず，消費税の課税対象となります。

> **Point**
> 輸出免税取引の対象とならない取引は，国内において実質的に消費されたとみることができる場合です。

事業者が海外を相手に貿易などをしている場合，その取引にはさまざまな形態が見られます。したがって，輸出免税取引の対象となるかどうかの判断について，とても難しい場合もあります。

そこで，このような難しい判断を行う必要がある場合に備えて，輸出免税取引に関して，さらに詳しく紹介します。

1　国内取引の判定と輸出免税取引

1で紹介したとおり，消費税の課税の対象となるためには，国内取引である必要があります。ここで，これまで紹介したとおり，特許権などの譲渡や貸付けについては，資産が所在する場所がわかりにくく，国内取引かどうかの判断が難しい場合があります。そこで，国内取引の判定には一定のルール

を設けています。主要なものをまとめた図は次のとおりです。

権利の具体例		国内取引かどうか		輸出免税取引かどうか	
意匠権・商標権など 特許権・実用新案権・	登録機関が 国内のみ	該当する		居住者に対する譲渡または貸付け	該当しない
				非居住者に対する譲渡または貸付け	該当する
	2以上の国で登録	譲渡または貸付けを行う者の住所地が国内	該当する	居住者に対する譲渡または貸付け	該当しない
				非居住者に対する譲渡または貸付け	該当する
		譲渡または貸付けを行う者の住所地が国外	該当しない	該当しない	

2 国内に支店などを有する非居住者に対する役務の提供

これまで紹介したように，非居住者に対して役務の提供を行った場合には，それが国内の飲食などでない限りは，輸出免税取引となります。

ここで，たとえばその非居住者が，日本国内に支店などを有しているときは，その支店を経由して役務の提供を行ったものとなり，輸出免税取引にならないことになります。

しかし，この場合であっても，次のすべてを満たすような場合であれば，輸出免税取引とされます。

③ 輸出免税取引

【国内に支店などがあっても輸出免税取引となるには】
① その役務の提供が非居住者の国外の本店などとの直接取引であって，国内の
支店などはその役務の提供に直接的にも間接的にも関わっていないこと
② その役務の提供を受ける非居住者の国内の支店などの業務は，その役務の提
供に関する業種，または関連する業務ではないこと

Point

・特許権などの国内取引の判定は，原則として「登録があるかどうか」につい
て確認します。そのうえで「譲渡または貸付けを行う者の住所地が国内かど
うか」という点を確認します。
・国外取引であった場合，輸出免税の適用はありません。

Follow-Up

　この章では，輸出免税取引の概要について紹介しています。さらに勉強し
たい方は，たとえば次のような論点を勉強すると，理解が深まると思います。

① 国際輸送の要件の詳細
② 船舶運航事業者などに対する船舶や航空機の譲渡や貸付けであっても輸出免
税取引となるということ
③ 免税店（輸出物品販売場）における一定の手続きの内容
④ 仕向地主義と源泉地主義

51

$\boxed{4}$

資産の譲渡等の時期

　この章では，資産の譲渡等がいつ行われたのかという判断について紹介します。

　資産の譲渡等の時期（タイミング）に関する判断を間違えてしまうと，その課税期間の消費税額の計算に大きく影響するため，慎重な判断が必要です。

　実務上は，その取引がどの課税期間に行われたものかについて判断した後に会計システムに課税区分などを反映していくことになります。

【Hop】
- ➤ **資産の譲渡等の時期の原則**
  - ① 引渡しが行われた日
  - ② 役務の提供が完了した日
- ➤ **棚卸資産の引渡しの日は内部ルールに準拠**
- ➤ **固定資産は契約の効力発生日でも可能**
- ➤ **賃貸借契約などは支払いを受けるべき日**

【Step】
- ➤ **リース契約**
  - ○ 支払期日が未到来の部分は認識しなくてもよい
- ➤ **請負契約**
  - ○ 工事進行基準がある
- ➤ **小規模事業者**
  - ○ 現金主義が認められる

【Jump】
- ➤ 法人設立準備中の売上げや仕入れの計上

まずは，資産の譲渡等の時期の全体像を確認していきましょう。

1 資産の譲渡等の時期の基本的な考え方

資産の譲渡等の時期は，その資産の引渡しが行われたり，役務の提供が完了したりした日とすべきというのが基本的な考え方です。引渡しなどが行われていない時点で資産の譲渡等が行われたとしてしまうと，消費していないのに消費税を計算することになり，消費税の趣旨から離れてしまうためです。

このように，資産の譲渡等が行われた時期は完了時点となるのが基本的な考え方ですが，特に資産の譲渡と貸付けに関して，もう少し詳しく紹介します。

2 棚卸資産の譲渡等の時期

棚卸資産，つまり販売するための商品などについて，いつ譲渡が行われたのかという基準は，これまで紹介したように，その引渡しがあった日です。

しかし，ひと言に引渡しがあった日といっても，多くの場合，事業者ごとに会計処理のための内部ルールがあります。そのため，次のような基準のうち，棚卸資産の性質などを考慮して合理的であるといえる日を採用することができます。

【資産の譲渡等の時期の基準】
① 棚卸資産を出荷した日（出荷基準）
② 販売先が検収した日（検収基準）
③ 販売先が使用収益できるようになった日（使用収益開始基準）
④ 検針などが行われて販売した数量を確認した日（検針日基準）

3　固定資産の譲渡等の時期

　固定資産の譲渡を行った場合でも，その資産の引渡しがあった日が資産の譲渡等が行われた日となります。

　しかし，土地や建物の売買は，モノの物理的な移動が目に見えるような取引ではないため，引渡しがいつ行われたのか，見た目だけでははっきりわからない場合もあります。

　そこで，土地や建物，そして構築物に関しては，その事業者が契約の効力が発生した時点で売上げとして計上している場合に限って，不動産の売買契約が締結された日などを引渡しがあった日とすることもできるようになっています。

　また，土地や土地の上にある権利が販売用の棚卸資産で，引渡しの日がわからない場合には，次の日のうち早いほうの日に引渡しがあったことにすることができます。

---

① 　代金の相当部分（おおむね50％以上）を収受した日
② 　所有権移転登記の申請（その登記の申請に必要な書類の相手方への交付を含みます）をした日

4　賃貸借契約などの資産の譲渡等の時期

　資産を貸している，つまり賃貸借契約による家賃や使用料等を受け取る場合，契約や慣習などでその支払いを受けるべきとされる日が，引渡しが行われた日となります。

> **Point**
> 　ひと言に「引渡しがあった日」といっても，譲渡や貸付けをする資産の性質などから，細かい判断が必要な場合があります。

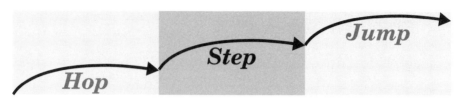

　このように，資産の譲渡等の時期については，引渡しが行われた日や，役務の提供が完了した日となるのが基本的な考え方です。
　ところが，リース契約や長期的な請負工事などにおいて，引渡しがあった日を資産の譲渡等が行われた日とすると，消費税の趣旨から離れてしまうこともあります。そこで，次のような特殊な取扱いがあります。

1　リース契約が行われた場合の資産の譲渡等の時期

　金額の大きい資産の譲渡に関しては，1度に多くのお金を支払わなくてよいという買い手側のメリットがあることから，リース契約が選ばれることもあります。リース契約とは，長い期間にわたって賃借料の受け払いが行われるものです。
　そのリース契約が法人税法や所得税法において売買があったとされるものであれば，消費税の計算においても，リース契約の対象となる資産を引き渡した日に資産の譲渡等があったものとすることになります。
　しかし，事業者が法人税法や所得税法において延払基準の適用を受けている場合には，消費税についても同じ取扱いを選ぶことができます。つまり，その課税期間中にリース料の支払期日が到来しないものについては，その課税期間において資産の譲渡等を行わなかったものとすることができます。この場合，具体的には，支払期日が到来していない部分のリース料の額を，その課税期間におけるリース譲渡に係る対価の額から控除することになります。
　なお，法人税法などで延払基準の適用を受けている場合でも，消費税においては通常どおり，支払期日が到来していない部分を含むその全額を1度に消費税の税額計算に含めてしまうことも可能です。
　また，リース契約によって資産を譲り受けた側は，例外なく，通常どおり，

リース資産の引渡しを受けた日の属する課税期間において仕入税額控除が行われます。

> **Point**
>
> 売上げ側が延払基準によって計算していても，仕入れ側は通常どおりその全額が仕入税額控除の計算の対象となります。

2　請負契約に基づく資産の譲渡等の時期

　請負契約の場合，完成して，そのすべてを相手に引き渡した日が資産の譲渡等の時期となります。また，物を引き渡さない請負契約の場合は，その役務の提供が完了した日が資産の譲渡等の時期となります。

　ここで，請負契約が建設工事である場合には，棚卸資産と同じように，その事業者の会計処理のための内部ルールがある場合が多いです。そのため，次のような基準のうち，その事業者が継続適用して，その建設工事などの性質などに応じて合理的と認められる日を判断することになります。

【請負契約の基準】
① 　作業を結了した日
② 　相手方の受入場所へ搬入した日
③ 　相手方が検収を完了した日
④ 　相手方において使用収益ができることになった日

　なお，法人税法や所得税法においては，工事の請負契約のうち一定のものについては，工事進行基準が強制適用されます。また，工事進行基準を任意で選択することもできるようになっています。このような工事進行基準を採用している場合，請負工事から生まれる消費税の課税売上げについては，工事の進行度合いを算定して，その部分の売上金額を計上することになります。

3　小規模事業者が行う資産の譲渡等の時期

　ここまで紹介したリース契約や請負契約に関する2つの取扱いは，取引の

性質を考慮した取扱いとなっています。これら以外に，事業者自身の性質を考慮した取扱いとして，小規模事業者に関する取扱いがあります。

具体的には，所得税法の現金主義が適用される事業者を対象に，その売上げや仕入れの計上時期についても現金主義が適用され，対価の額を実際に収入した日や課税仕入れの費用の額を支出した日を資産の譲渡等の時期とすることができます。

【現金主義が適用できる小規模事業者の範囲】
次の要件を満たす者が，現金主義を使うことができます。
① 青色申告者であること
② 2年前の不動産所得と事業所得の合計額が300万円以下である者
③ 2年前の雑所得が300万円以下である者
④ 現金主義によって所得計算をする旨の一定の届出書を提出している者

Point
- リース契約と請負契約は，法人税法や所得税法に合わせる形で，消費税においても，引渡し日より前に売上げを計上するものです。
- 小規模事業者の特例は，所得税法で現金主義が認められていることに配慮して，消費税においても現金主義による売上げや仕入れとすることが認められています。

ここまでは，その事業者の状況や行う取引の性質に注目した取扱いを紹介してきました。これらの他に，その事業者自体がまだ存在していない場合に適用される取扱いなどもあります。ここでは，その取扱いを紹介します。

1 法人の設立準備中に行われた資産の譲渡等と課税仕入れ

法人が設立準備中に資産の譲渡等や課税仕入れを行うことがあります。たとえば，設立後すぐに必要な棚卸資産の仕入れや，司法書士への法人設立登記に関する報酬の支払いなどが考えられます。この場合，法人の設立初年度の売上げや仕入れに含めて計算することになります。

なお，設立準備期間が長期にわたる場合や，個人事業からの法人成りである場合には，設立初年度にこのような取引を含めて計算することはできません。

2 賃貸借契約で争いがある場合

Hop 4 で紹介したとおり，賃貸借契約については，契約や慣習などでその支払いを受けるべきとされる日が，引渡しが行われた日となります。

しかし，賃貸借契約については，その金額的な相場観や，そもそも契約の有効性が問題となって，支払義務があるかどうか自体について，当事者間で争いがある場合もあります。この場合においては，次のように判断します。

【賃貸借契約で争いがある場合】
① 契約の有無自体に争いがある場合…争いが解決した後，その受け取る金額が確定した時期に，実際に支払いを受けた額を売上げとします。
② その金額について争いがある場合…受け取ることとされている時期に，受け取るべき料金を合理的に見積もって売上げとします。

> **Point**
> 設立準備期間が長期かどうかの判断は，通常要する期間を超えた場合とされています。

Follow-Up

　この章では，資産の譲渡等の時期の考え方について紹介しています。この判断を間違えてしまうと，その課税期間のものとして計算の基礎となる売上げが異なり，課税売上高，課税売上割合などに大きな影響を与えてしまうため，正しく理解する必要があります。資産の譲渡等の時期の判断についてさらに勉強したい方は，たとえば次のような論点を勉強すると，理解がさらに深まると思います。

---

① 　委託販売の取扱い

② 　ノウハウの頭金の取扱い

③ 　部分完成基準や，不動産仲介などの取引の例外，技術的な役務の提供をする場合の取扱い

④ 　有価証券の譲渡の時期

⑤ 　法人税法や所得税法に規定する延払基準の意義，特に収益認識基準との関係，そしてリース契約の種類，個人事業者が廃業した場合

⑥ 　法人税法や所得税法において工事進行基準が強制適用される要件

⑦ 　所得税法において現金主義が適用される小規模事業者が，現金主義の適用を受けなくなったときの調整方法

5

課税標準額

　この章では，消費税額を計算する課税標準額（税額計算の基礎となる額のこと）について紹介します。というのも，①で紹介したように，消費税は対価を受け取ってこそ課税対象取引となるためです。

　この対価は金銭だけではありません。現金の代わりに何かの現物として受け取ったり，経済的利益として目に見えない何かの権利を受け取ったりすることもあります。

　そこで，実務上は消費税の課税標準額の考え方を理解しておく必要があります。また，現在は軽減税率制度によって税率が２種類あるため，課税標準額の算定が複雑になっています。軽減税率制度については⑥で紹介します。

【Hop】
➤ 課税標準額は「対価の額」の税抜価格
　① 金銭や物，経済的利益も含まれる
　② 輸入取引はCIF価格

【Step】
➤ 「対価の額」の例外
　① 個人事業者の家事消費など
　② 法人役員への贈与や低額譲渡

【Jump】
➤ 対価の額が合理的に区分されていない場合
➤ 対価の額が確定していない場合

まずは，課税標準額の考え方に関する全体像を確認していきましょう。

1 課税標準額は「対価の額」となる

1で紹介したように，消費税の課税対象取引となる要件の1つに，「対価を得て行われる取引であること」というものがありました。つまり，何かしらの対価を受け取っていないと消費税の課税対象取引にはなりません。

逆にいえば，消費税額を計算するためには，課税標準額として対価の額を使って計算していくことになります。ここで，消費税法では，「対価の額」について次のように示されています。

【消費税法28条1項の「対価の額」】
　対価として収受し，または収受すべき一切の金銭または金銭以外の物もしくは権利その他経済的な利益の額とし，課税資産の譲渡等につき課されるべき消費税額および当該消費税額を課税標準として課されるべき地方消費税額に相当する額を含まないものとする。

これは，法律上の規定をそのまま記載したものであるため，少しわかりにくいかもしれません。簡単にいえば，消費税額を計算するための基礎となる課税標準額は，金銭として受け取ったものだけではなく，物や権利としてもらったものでも，その額に含まれるとともに，それは税抜価格とするという意味です。また，「収受すべき」とは，その時価ではなく，売り手と買い手の両者で合意した，という意味になります。

たとえば，標準税率10％が適用される資産を譲渡して，税込1,100万円を受け取った場合の課税標準額は，次のとおりです（税率については6で紹介しています）。

$$課税標準額 = 1,100万円 \times \frac{100}{110} = 1,000万円$$

　このような，金銭以外の物や権利をもらうような場合として，たとえば，次のような取引があります。

2　売上げの対価として物や権利をもらった場合

　現金の代わりに商品などの物や何かの権利をもらった場合には，現金の代わりとして物や権利を受け取っているため，その物や権利の価額が課税標準額になります。

3　金銭の貸付けについて利息が通常よりも安い場合

　金銭の貸付けをした場合には，利息を受け取ることが通常です。資産の譲渡等の対価として，この利息がそもそも無償となる場合や，通常の利率の相場よりも低い場合には，実質的に資産の譲渡等の対価を得たということになります。

4　輸入取引の場合

　輸入取引を行う場合には，保税地域から課税貨物を引き取ることになります。この場合の対価は，相手方に支払う金額に加え，運賃や保険料などの運送関連費用を含めた額となります（これを「CIF価格」といいます）。

> **Point**
> ・「対価の額」には，金銭のほか，すべての経済的な利益の額が含まれます。
> ・輸入取引の対価は，CIF価格です。

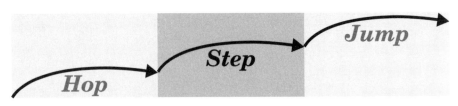

　このように，対価の額によって課税標準額を把握することになりますが，対価の額の考え方には例外があります。①の**Step**で紹介した，個人事業者の家事消費などの場合と，法人の役員に対する贈与や低額譲渡の場合には，みなし譲渡として，通常の課税資産の譲渡等となるというものです。

1　個人事業者の家事消費など

　個人事業者が，事業のための棚卸資産やそれ以外の事業用資産を，家事のために消費や使用をした場合には，課税資産の譲渡等があったものとされて，通常の課税資産の譲渡等となります。この場合の対価の額とすべき金額は，次のとおりです。

【対価の額とすべき金額】
① 棚卸資産の消費や使用がある場合…課税仕入れ額以上で，かつ，通常販売価額のおおむね50%以上の金額を対価の額とすれば問題ありません。
② それ以外の事業用資産（固定資産など）の消費や使用がある場合…その時点の時価によります。

2　法人の役員に対する贈与や低額譲渡

　法人の資産を，その役員に対して贈与や低額譲渡を行った場合には，通常の課税資産の譲渡等となります。この場合，実際に対価を受け取っていないか，または本来は受け取るべき対価の額を大きく下回っていれば，その資産の時価が，受け取るべき対価の額となります。ちなみに，対価を受け取らない場合を「贈与」と，本来受け取るべき対価を大きく下回る譲渡を「低額譲渡」といい，贈与の場合の対価の額とすべき金額は1と同様です。
　なお，低額譲渡の対象となるかどうかの判断については，次のとおりです。

> 【法人と役員の取引が低額譲渡となるかどうかの判断】
> 次の場合には，低額譲渡になりません。
> ① 棚卸資産…その資産の課税仕入れ等の金額以上，かつ，販売価額のおおむね50％以上で譲渡している場合
> ② それ以外の資産…その譲渡時の資産の価額のおおむね50％以上で譲渡している場合

これらの取扱いは，個人事業者や役員という立場を利用した，お手盛りを防止するための取扱いとなります。

> **Point**
> 「対価の額」は，両者で授受することにした対価の額となるのが原則ですが，個人事業者の家事消費などと法人の役員に対する取引は，例外的にその資産の価額が対価の額となります。

このように，消費税の課税標準額は対価の額となり，実際に受け取った額を使用して計算することを基本的な考え方としつつも，例外的にその譲渡時の資産の価額が採用されるというしくみになっています。ここでは，さらに理解を深めるため，特殊な取引が行われた場合の取扱いを紹介します。

1 対価の額が合理的に区分されていない場合

課税対象取引となる資産は，①軽減税率8％が適用される資産と，②標準税率10％が適用される資産，③非課税資産などに分けることができますが，これらをまとめて譲渡し，「まとめて100万円（税込）」などと請求する場合には，対価の額が区分されていないため課税標準額の把握ができなくなってしまいます。

この場合には，それぞれの資産の価額を見積もった金額（時価）で按分することになり，具体的には次の算式で計算することになります。

$$①の対価の額 = \frac{①の時価}{すべての時価} \qquad ②の対価の額 = \frac{②の時価}{すべての時価}$$

また，不動産取引の場合，土地と建物をセットにして譲渡することが通常ですが，これまでに紹介したように，土地の譲渡は非課税取引となるのに対し，建物の譲渡は通常の課税資産の譲渡等となります。この場合に対価の額が区分されていなければ，次の方法で合理的に区分する必要があります。

【土地と建物の按分方法】
① 譲渡時における土地と建物のそれぞれの時価の比率による按分
② 相続税評価額や固定資産税評価額をもとにした按分
③ 土地，建物の原価（取得費，造成費，一般管理費・販売費，支払利子などを含みます）をもとにした按分

2　対価の額が確定していない場合

対価の額が確定しないままに資産の譲渡等を行い，課税期間の末日を迎えた場合には，その課税期間の末日の時点で時価を見積もって対価の額とすることになります。

なお，翌課税期間において見積もり額と確定額の差が生まれることもありますが，その差額は，翌課税期間で加減算すればよいとされています。

3　資産を交換する場合

資産を交換する場合，その時点の時価が対価の額とされます。なお，交換差金の受け払いが行われる場合には，差金を受け取る側は資産の時価に加算し，支払う側が資産の時価から控除することで対価の額を計算します。

Point

対価の額の合理的な算定の場面で，時価を用いることになります。

Follow-Up

　この章では，消費税の課税標準額の考え方について紹介しています。より理解を深めるためには，以下の論点を勉強するとよいでしょう。

①	個別消費税・印紙税等のために受け取る金銭
②	外貨建取引の場合の取扱い
③	売上返還等の取扱い
④	委託販売手数料の取扱い
⑤	特定課税仕入れ（リバースチャージ方式）の場合の取扱い
⑥	未経過固定資産税の取扱い
⑦	源泉所得税がある場合
⑧	代物弁済・負担付き贈与・現物出資の取扱い

6

軽減税率制度

　この章では，軽減税率制度の導入部分を紹介します。

　ここまでは，消費税の課税区分の判断（□〜③），取引として認識すべき時期（④），そしてその課税標準の額（⑤）を紹介してきました。この章の軽減税率制度を理解することで，通常の課税資産の譲渡等の中で現在は税率が２つあり，どちらの税率を適用すべきかについて判断ができるようになります。

　つまり，会計システムを使って実務をしていくときに，いつ，いくらの金額を入力すべきなのかの判断とともに，課税区分についても通常の課税資産の譲渡等（２つの税率），非課税取引，輸出免税取引，不課税取引に分けることができるようになります。このように，軽減税率制度は，課税区分の判断を行うための重要な論点となります。

【*Hop*】
➢ 軽減税率が適用される品目
　① 飲食料品
　　（酒類を除き輸入される飲食料品を含む）
　② 週２回以上発行される新聞
　　（定期購読契約が必要）
➢ 消費税率引上げ時の経過措置
➢ インボイスには軽減税率の対象であることを記載

【*Step*】
➢ 一体資産と一括譲渡
➢ 外食とケータリング

【*Jump*】
➢ 包装材料等
➢ 値引きと販売奨励金
➢ 委託販売

まずは,軽減税率制度の全体像を把握しましょう。

1 軽減税率制度の概要

令和元年10月1日以降,消費税率が10%に引き上げられるとともに,軽減税率制度が導入されています。これにより,現在は引き上げられた税率である標準税率10%（内訳は消費税7.8%,地方消費税2.2%です）と,軽減税率8%（内訳は消費税6.24%,地方消費税1.76%です）の2つの税率が入り混じった形となっています。したがって,日常業務において消費税の課税区分を確認する際,その取引が通常の課税資産の譲渡等（1で紹介しています）であるのなら,その取引は標準税率10%なのか,軽減税率8%なのかということを確認することが必要となります。

ここで,軽減税率制度とは,次のいずれかの品目の譲渡について,軽減税率である8%が適用されるという制度です。

【軽減税率制度が適用される品目】
① 飲食料品（酒類を除き,輸入される飲食料品を含みます）
② 週2回以上発行される新聞（定期購読契約に基づくもの）

なお,飲食料品の譲渡であればそのすべてが軽減税率の対象となるというわけではなく,一定の制限もあります。その全体像を示しているのが,次の図になります。

6 軽減税率制度

【軽減税率の対象となる飲食料品の譲渡の範囲（イメージ）】

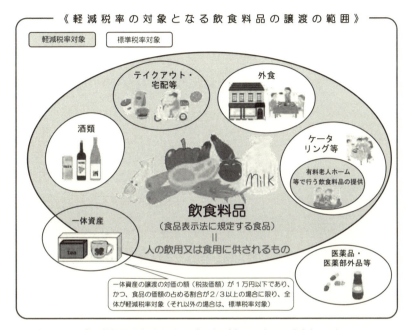

（出典）国税庁「消費税軽減税率制度の手引き（令和3年8月版）」7頁

　この図によると，酒類が軽減税率の対象とならないほか，「一体資産」のうち一定のもの，外食，ケータリングサービスで有料老人ホーム以外で提供されるもの，医薬品などが軽減税率の対象とはならないとされています。
　これらについて，これから1つずつ紹介していきます。

> **Point**
> 　課税区分の判断は，「通常の課税資産の譲渡等かどうか」→「軽減税率の対象となるかどうか」という順に行っていきます。

2　飲食料品の譲渡の範囲

　軽減税率の対象となる飲食料品とは，人の飲食用となる食べ物や飲み物の

ことです。詳しくいえば，食品表示法に規定する「食品」のうち，酒類を除く飲食料品が軽減税率の対象となります。つまり，軽減税率の対象は，人の飲食用とされる次のようなものをいいます。

【軽減税率の対象となる飲食料品の例】

① 米穀や野菜，果実などの農産物，食肉や生乳，食用鳥卵などの畜産物，魚類や貝類，海藻類などの水産物

② めん類・パン類，菓子類，調味料，飲料など，その他製造または加工された食品

③ 添加物（食品衛生法に規定するもの）

④ 一体資産のうち一定のもの（**Step**で紹介します）

このように，飲食料品の譲渡であれば，軽減税率の対象となります。これに対して，外食やケータリングサービス（**Step**で紹介します），医薬品・医薬部外品を譲渡する場合については，軽減税率の対象とはなりません。

したがって，飲食料品と医薬品などの両方を取り扱っているドラッグストアなどのレシートから課税区分を判断する場合には，どのような品目を購入したのかという点に注意しなければならないのです。具体的には，医薬品である栄養ドリンクは軽減税率の対象となりませんが，食品である栄養ドリンクは軽減税率の対象となります。

また，一体資産（**Step**で紹介します）のうち一定のものも，軽減税率の対象とはなりません。

Point

酒類・外食・ケータリングなどは軽減税率の対象とはなりません。これらは標準税率10％が適用されます。

3　新聞の定期購読

このような飲食料品に加えて，週2回以上発行される新聞を定期購読している場合にも軽減税率の対象となります。これは，日々のニュースを伝える

通常の新聞だけではなく，スポーツ新聞や英字新聞であっても，週2回以上発行される定期購読契約である限り，軽減税率の対象となります。

　逆に，コンビニエンスストアなどで販売されている新聞については，定期購読契約とはいえないために軽減税率の対象とはなりませんし，インターネット経由で電子版を購読する場合には「電気通信利用役務の提供」に該当し，新聞の譲渡ではないために，こちらも軽減税率の対象とはなりません。

> **Point**
>
> 　新聞の譲渡で軽減税率の対象となるのは，「定期購読」＋「週2回以上」＋「紙媒体」です。

4　消費税率引上げ時の経過措置

　上記のとおり，軽減税率は8％（消費税6.24％，地方消費税1.76％）の税率が適用されますが，同じ8％の税率が適用される取引として，消費税率が引き上げられた当時につくられた経過措置があります。この経過措置の内容を簡単にいえば，「一定の場合には，消費税率が引き上げられて標準税率10％が適用された後も，引き上げられる前の税率を継続して適用することができる」というものです。

　つまり，同じ税率8％であっても，経過措置の8％はその内訳が異なるため（消費税6.3％，地方消費税1.7％），経過措置の対象となる取引の課税区分の判断にあたっては，軽減税率の対象ではないほうの8％を選択する必要があります。

　現在は消費税率が引き上げられてから5年が経過していますが，現在も適用されている可能性がある経過措置として，「資産の貸付けに関する経過措置」があります。これは平成25年10月1日から平成31年4月1日までに締結した資産の貸付けに関する契約のうち，次の要件を満たせば，経過措置8％の税率が適用されるというものです。

【資産の貸付けに関する経過措置の要件】

① 貸付期間と貸付期間中の対価が定められていること

② 事情の変更などの理由により対価の額の変更を求めることができる旨の定めがないこと

③ 契約期間中にいつでも解約の申入れをすることができる旨の定めがないことと，貸付けの対価の額がその貸付けに関する資産の取得に要した費用の額などの90%以上に定められていること

※経過措置の適用を受けるためには，「①と②」または「①と③」のいずれかを満たすことが必要です。

したがって，事務所や店舗の家賃に関する取引がある場合，経過措置の適用がないかどうかについて，契約書などから現状を確認する必要があるでしょう。

なお，よくある契約の形として「期限までに申出がない場合には自動的に本契約を更新する」旨を定めた「自動更新条項」と呼ばれるものがあります。この場合，自動更新条項の性質上，1度契約を終了したうえで，同条件で新たに契約を締結するというものであるため，自動更新後は標準税率10％が適用されます。

Point

資産の貸付けに関する経過措置の対象となるものはまだ存在している可能性があるため，家賃に関する取引には注意です。

5 インボイスに記載される内容

インボイス制度については11で詳しく紹介していますが，軽減税率の対象となる取引を行う場合には，そのインボイスに「資産の内容と軽減税率の対象となる課税資産の譲渡等である旨」を記載することが必要となっています。

これは，インボイスに，軽減税率の対象となっていることを記載しておかなければ，買い手側が税率の判断ができないからですが，その記載方法は具

体的に定められていませんので様式は自由です。一般には、軽減税率の対象となる品目の横に「軽」や「※」、「★」などが付され、これらの記号に「軽減税率の対象品目です」という旨の説明が付記されることが多いようです。

> **Point**
> インボイスには軽減税率対象取引であることを示す必要があります。

軽減税率の対象となる飲食料品と混同しやすい取引として、一体資産の譲渡と外食サービスの提供があります。これらについて具体的に紹介します。

1 一体資産と一括譲渡

(1) 一体資産

飲食料品の中には、人が飲食できる部分とそうではない部分が一体となって1つの商品となるものがあります。おまけ付きのお菓子や器付きの弁当などがその典型例です。このような資産を「一体資産」といいます。その定義は、次のとおりです。

【一体資産とは】
あらかじめ一の資産を形成し、または構成しているものであって、その一の資産の価格のみが提示されているもの

重要な点は、このような一体資産が軽減税率の対象となるのかどうかの判断です。次の要件をすべて満たす場合には、軽減税率の対象となると判断します。

【一体資産が軽減税率の対象となる要件】
① 一体資産の譲渡の対価の額（税抜価額）が1万円以下であること
② 一体資産の価額のうちにその一体資産に含まれる食品部分の価額の占める割合として合理的な方法により計算した割合が3分の2以上であること

したがって、おまけ付きのお菓子の場合、その全体が税抜1万円以下で販売され、飲食料品（お菓子）部分の価額がその全体の3分の2以上を占めるものであれば、おまけ付きお菓子という品目の全体が軽減税率の対象となります。

【一体資産の判定フローチャート】

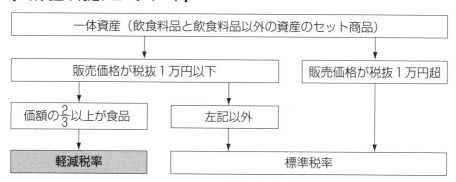

(2) 一括譲渡

一体資産とよく似たものに「一括譲渡」があります。一般的には「セット販売」と呼ばれるものです。一体資産の定義に該当しないセット販売は一括譲渡となり、1つひとつの品目ごとに軽減税率の対象となるかどうかの判定をすることになります。

たとえば、おまけ部分と飲食料品部分の価格がそれぞれ示されている場合には内訳が表示されていることから、また、「よりどり3品△△円」という形でワゴン販売をする場合には「あらかじめ」一の資産を構成していないことから、それぞれ一体資産には該当しません。このような場合には一括譲渡

として，通常どおり，1つひとつの品目ごとに軽減税率の対象となるかどうかの判断をしていくことになります。

> **Point**
> ・一体資産は軽減税率の対象ですが，一括譲渡は違います。
> ・一体資産は，①「あらかじめ一の資産を構成」＋②「全体の価格のみ表示」が要件です。

2　外食とケータリングサービス

(1)　外食は軽減税率の対象とならない

レストランなどで外食をする場合には，軽減税率の対象とはなりません。これは，レストランなどから場所とサービスの提供を受けているためです。

国税庁の用語を使うと，

> ①　場所要件…テーブル，いす，カウンターその他の飲食に用いられる設備（これを「飲食設備」といいます）のある場所で
> ②　サービス要件…飲食料品を飲食させる
>
> （出典）国税庁「消費税軽減税率制度の手引き（令和3年8月版）」18頁

という2つの要件を満たすのなら，それは外食となるため，軽減税率の対象とならないのです。

ここで，場所要件の飲食設備について，飲食のために使用されるものであればその規模や目的は問われません。そのため，本来の使い道が飲食目的ではない場合でも，飲食のために使用されるのであれば場所要件を満たすことになります。また，フードコートやイートインスペースなどにあるテーブルやいすなどは，飲食のために使用されることが明らかなので場所要件を満たすことになります。

これに対して，サービス要件については，飲食料品の提供さえすれば満たすことになるため，セルフサービスの店舗であってもサービス要件を満たす

ことになります。特に給仕などのホールサービスは必要ありません。

つまり，飲食料品をテイクアウトする場合，場所要件を満たしていないために外食とはならず，軽減税率の対象となるというしくみとなっています。

(2) ケータリングサービスは軽減税率の対象とならない

外食とよく似た論点に，ケータリングサービスがあります。これは，「一流シェフの出張料理サービス」などのキャッチコピーで宣伝されているものがイメージできると思います。辞書では，「ケータリング」について，「飲食店以外の場所に料理や飲料を運び提供すること」と説明されています（新村出編『広辞苑 第7版』（岩波書店，2018）908頁）。

具体的に軽減税率が適用されないケータリングサービスなどと判断されるのは，次のようなサービスが提供される場合です。

【ケータリングや出張料理と判断される場合】
① 相手方が指定した場所で飲食料品の盛り付けを行う場合
② 相手方が指定した場所で飲食料品が入っている食器を配膳する場合
③ 相手方が指定した場所で飲食料品の提供とともに取り分け用の食器などを飲食に適する状態に配置などを行う場合

また，ケータリングとよく似たサービスに「出前」がありますが，ケータリングは相手方の指定した場所でこのようなサービスを行う点で，出前とは異なります。出前であれば，飲食料品の販売としてテイクアウトと同じように軽減税率の対象となります。

Point
- 軽減税率の対象とならない外食は，「場所要件」＋「サービス要件」という2つの要件を満たすもののみです。
- 軽減税率の対象とならないケータリングは，指定された場所で盛り付けなどのサービスを行うものです。

Stepまでの内容をわかっていても，軽減税率の対象となるかどうかの判定が難しい場合もあると思います。これは，国税庁が公表している2つの軽減税率制度に関するＱ＆Ａのうち，個別事例編の事例が120を超えることからも明らかです。

そこで，ここでは国税庁のＱ＆Ａで示されている中でも，頻繁に出てくると思われる事例について紹介します。

1　包装材料等

これまでに紹介した飲食料品を譲渡しようとする場合，そのままでは譲渡できません。飲食料品は，包装したり，容器に詰めたりしないと持ち運びができませんし，たとえばアイスクリームを買った場合には保冷剤を付けないと持ち帰る間に溶けてしまいます。このような包装やラッピングに使用するものを「包装材料等」といいます。

この包装材料等は，飲食料品ではないために標準税率が適用されると思うかもしれませんが，その包装材料等が飲食料品を販売するために通常必要なものであれば，その飲食料品に含めて全体を軽減税率の対象とするというしくみがあります。

これに対して，「容器代として別途○○円をいただきます」などと示す形で費用を別に請求する包装材料等については，軽減税率の対象となりません。これにより，現在は有料化されているレジ袋については，標準税率が適用されることになります。

2 値引きをする場合

(1) 一体資産と値引き

たとえば，ビールとおつまみをそれぞれ単独で販売しながら，これらをセットでも販売している場合に，セット販売のほうを一括で値引きしたらどうなるのかというケースをみていきます。

国税庁のQ&Aによると，単独でも販売しているのであれば，一体資産には当たらないとしたうえで，値引き前の対価の額などで合理的に按分することが示されています。これは，*Step* 1 で紹介したように，一体資産について，「その一の資産の価格のみが提示されているもの」という要件があるためです。この例だと，ビールとおつまみを単独でも販売しているために，一体資産になりません。

また，割引券などの利用によって値引きする場合，セット販売を対象とした一括の値引きが行われ，その内訳がわからないときは，割引券などによる値引額をその資産の価額の比率により按分して，適用税率ごとの値引額と値引額をマイナスした後の対価の額を区分するとされています。

(2) 販売奨励金

一般的な取引の中で，取引高に応じて販売奨励金が支払われることがあります。この支払方法には，取引先の請求書から控除する形で精算するものがあります。この場合には，売上返還等に該当しますが，販売奨励金を支払う要因となった取引が軽減税率の対象であったかどうかをもとに，販売奨励金の適用税率を判断します。ちなみに，売上返還等については，⑦で紹介します。

また，その金額が区分されていない場合には，対象となった課税資産の譲渡等の内容に応じて税率ごとに按分することになります。

3 委託販売

　飲食料品を業者に委託販売している場合，軽減税率の対象となる取引と，対象とはならない取引が混在することになります。具体的には，業者から受け取る飲食料品の売上金額は軽減税率の対象となり，業者へ支払う委託販売手数料は軽減税率の対象とはなりません。

Point

- 委託販売の場合は，軽減税率の対象となる取引と対象とならない取引が混在します。
- 受け取る売上金額から支払う委託販売手数料を相殺する処理はできません。

Follow-Up

　この章では，軽減税率制度の概要について紹介しています。さらに勉強したい方は，たとえば次のような論点を勉強すると理解が深まると思います。

---

① 　一体資産を判定するうえでの割合の合理的判断
② 　包装材料等の通常必要な範囲を超える容器の取扱い
③ 　有料老人ホームなどで提供される食事や給食
④ 　国税庁が公表している2つの「消費税の軽減税率制度に関するQ&A」の内容

7

売上返還等と貸倒れに
関する税額控除

　⑤で紹介したように，課税資産の譲渡等に伴って対価の額を受け取ったの
であれば，その対価の額が課税標準額となります。ここで，販売した商品が
不良品だったことがわかったなどの一定の理由で，譲渡をした後に，値引き
や返品が行われることがあり，これを「売上返還等」といいます。この場合
には，消費税を計算するにあたって一定の調整が必要です。

　この章では，値引きや返品などの売上返還等に加え，課税資産の譲渡等の
後に貸倒れがあった場合の取扱いについて紹介します。

【*Hop*】
➢ **売上返還等に関する税額控除**
　① 売上返還等の消費税額は課税標準額
　　に対する消費税額から控除する
　② 売上返還等には割戻しや販売奨励金
　　なども含まれる
　③ 非課税取引や輸出免税取引は対象外
➢ **貸倒れに関する税額控除**
　○ 課税標準額に対する消費税額から直
　　接控除しない
➢ **帳簿や書類の保存が必要**

【*Step*】
➢ 割戻しは契約書や通知で判断

【*Jump*】
➢ 仕入れ側は「仕入返還等」となる
➢ 課税事業者のみが税額控除可能

　売上返還等と貸倒れには，それぞれ要因は異なりますが，同じような取扱いが用意されています。日々の業務における課税区分の判断については，システムによって多少の違いはありますが，一般的にはそれぞれ専用の課税区分が用意されています。

1　売上返還等に関する税額控除

(1)　売上返還等に関する税額控除の計算方法

　課税資産の譲渡等をした後に，値引きや返品などが行われた場合，課税標準額に対する消費税額から，売上返還等の消費税額を控除します。

　5の**Hop**の例で，税込11万円の値引きを行ったとした場合の具体例を紹介します。

- 課税標準額＝1,100万円×$\dfrac{100}{110}$＝1,000万円

- 課税標準額に対する消費税額＝1,100万円×$\dfrac{10}{110}$＝100万円

- 売上返還等の消費税額＝11万円×$\dfrac{10}{110}$＝1万円

- 売上返還等の消費税額の控除＝100万円－1万円＝99万円

　このように，この場合であれば100万円の消費税額から1万円を控除することになります。

　なお，控除してもしきれない場合は，「控除不足還付税額」として，確定申告時に還付を請求することになります。

　また，実務上はより簡便な処理が行われています。具体的には，売上高か

ら直接，売上返還等の部分を控除することが可能です。税込経理方式を前提とすると，次のようになります。

- 課税売上高＝1,100万円
- 売上返還等の金額＝11万円
- 納付すべき消費税額＝（1,100万円－11万円）× $\dfrac{10}{110}$ ＝99万円

---

(2)　売上返還等に含まれるもの

　これまで紹介したように，売上返還等は，値引きや返品のことをいいます。これ以外にも，売上割戻しや販売奨励金，事業分量配当金，そして売上割引も，売上返還等に含まれます。

　ここで，それぞれの意味を紹介します。

---

① 　売上割戻し…リベートのことで，たとえば多くの取引を行う販売先に，その販売数量や金額によって一定の金額を返金するもの
② 　販売奨励金…販売促進のために，販売数量や金額によって支払うもの
③ 　事業分量配当金…協同組合などがその組合員などに対して，組合が受け取る手数料の取りすぎた部分を返金するというもの
④ 　売上割引…早期に支払いを受けたなどの理由で行われる割引。会計上は金融取引として処理するところ，消費税においては売上返還等として処理

　これらが行われた場合にも，売上返還等が行われたということになるため，消費税額の調整が必要となります。

(3)　非課税取引や輸出免税取引の場合

　このように，売上返還等の調整は，課税標準額に対する消費税額から，売上返還等に対応する部分を控除するものであるため，非課税取引や輸出免税取引に該当する取引が行われて，それに伴う値引きや返品が行われても，売上返還等とはなりません。

85

また，たとえば課税資産の譲渡等と非課税資産の譲渡等がまとめて行われて，その後に売上返還等が行われた場合には，課税資産の譲渡等に対応する部分を把握するために按分計算が必要です。

Point

- 売上返還等は，値引きや返品以外にも該当する取引があります。
- 実務上は，システム内の課税区分の判断で「売上返還等」の区分とすることで，申告書に反映されると考えられます。

---

2 貸倒れに関する税額控除

課税資産の譲渡等を行った後，取引先の財務状況が悪化するなどして売掛金などの回収ができなくなり，貸倒れが起きる場合があります。この場合にも売上返還等の取扱いと同様に，貸倒れとなった売掛金などに含まれる消費税額を，貸倒れとなった課税期間の消費税額から控除することができます。

売上返還等の取扱いと異なるのは，多くの場合，貸倒れが発生するのは課税資産の譲渡等を行ってから時間が経った後ということです。これにより，課税標準額に対する消費税額から直接控除はせずに，その課税期間の課税売上げに対する消費税額から控除することになります。

具体的には，消費税申告書上の第1表⑥欄に控除額が記載されます。

Point

売上返還等と異なるのは，貸倒れに関しては，貸倒れが生じた課税期間の消費税額から控除をするという点です。

---

3 帳簿や書類の保存要件

売上返還等や貸倒れによる税額控除を行うためには，要件があります。それは，売上返還等であれば次の内容を記載した帳簿を，貸倒れであれば売掛金などについて貸倒れの事実が生じたことがわかる書類を，申告期限から7年間保存しなければならないというものです。

7 売上返還等と貸倒れに関する税額控除

【売上返還等の税額控除を受けるための帳簿記載内容】
① 売上返還等を受けた者の氏名または名称
② 売上返還等を行った年月日
③ 売上返還等の内容
④ 売上返還等をした金額

　つまり，会計システムにおいては，課税区分を正しく登録するだけではなく，このような内容を帳簿に記載したかどうかについて気をつける必要があります。なお，小売業などの不特定多数の者を相手に商売をする事業者は，このうち①を省略することが可能です。
　なお，売上返還等に関しては，現在はインボイス制度が導入されていることから，返還インボイスを発行する必要もあります。詳しくは11で紹介します。

Point
　帳簿や書類を保存しなければ，売上返還等や貸倒れとしての税額調整を行うことができません。

　これまで紹介したように，売上返還等や貸倒れが起きた場合，消費税額を減らすという調整を行う必要があります。ここで，売上返還等のうち，特にリベートである売上割戻しに関しては，それがいつ行われたものかについて判断する必要もあります。
　その判断は，次のように，契約書などによって算定基準が示されているかどうかで異なります。

87

1　リベートの算定基準が明示されている場合

　契約書などで，その算定基準が販売価額や販売数量であることが示されていて，かつ，相手方に明示されている場合には，その売上げがあった日に売上返還等も行われたことになります。

　また，その事業者が継続処理を行っている場合に限って，その金額の通知や支払いをした日に売上返還等をしたとしている場合には，これが認められます。

2　リベートの算定基準が明示されていない場合

　その通知や支払いをした日に売上返還等が行われたことになります。

> **Point**
> 契約書などの有無で時期の判定が異なります。
> ・契約書あり：（原則）課税売上げの日，（例外）通知などの日
> ・契約書なし：通知などの日

　売上返還等や貸倒れに関しては，相手があっての論点です。実務上は，次の点を知っておきましょう。

1　仕入れ側の処理

　その事業者が売上返還等を行った場合，課税仕入れを行った相手側では，「仕入返還等」を受けたものとして一定の調整が必要となります。詳しくは，9で紹介します。

7 売上返還等と貸倒れに関する税額控除

2　売上返還等や貸倒れに関する調整ができる事業者

　消費税の計算において，一定額を消費税額から控除できるというしくみであるために，これらの適用ができる事業者は課税事業者に限られます。なお，課税事業者については⑭で紹介しています。

　つまり，課税事業者であった期間に行った課税資産の譲渡等について，課税事業者である課税期間に，売上返還等や貸倒れが生じた場合にのみ適用ができる制度となっています。

　これを図にすると，次のようになります。

	課税事業者	免税事業者	課税事業者	適用可否
課税→課税	譲渡等		売上返還等や貸倒れ	適用可能
課税→免税	譲渡等	売上返還等や貸倒れ		適用不可
免税→課税		譲渡等	売上返還等や貸倒れ	適用不可

3　貸倒れが生じたかどうかの判断

　貸倒れに関しては，リベートのように契約や慣習などで事前に計算方法が決まっているものではなく，相手方の状態によって判断されます。具体的には，売掛金などの相手が，次のような状態となっているかどうかで判断することになります。

【貸倒れの状態】
① 　更生計画認可の決定，再生計画認可の決定などにより債権の切捨てがあったこと
② 　債務者の財産状況，支払能力等からみてその債務者が債務の全額を弁済できないことが明らかであること
③ 　法令の規定による整理手続によらない関係者の協議決定で，一定の要件に該当する基準により債権の切捨てがあったこと

④ 債務者の債務超過の状態が相当期間継続し，その債権の弁済を受けることが
できないと認められる場合に，その債務者に対し書面により債務の免除を行っ
たこと

つまり，**Hop**で紹介した書類の保存要件を満たすためには，裁判所から
の書類であったり，相手方の財務状態がわかる資料であったり，事業者が自
ら行った債権放棄に関する書類であったりと，相手方の状態を示す書類など
を保存しなければなりません。

| Point |

・これらの調整の趣旨は税額の適正な調整のため，その適用は課税事業者に限
られます。
・貸倒れの判断には，相手方の状態を把握するための資料が必要です。

Follow-Up

この章では，売上返還等や貸倒れに関する税額控除について紹介しました。
売上返還等や貸倒れに関する税額控除についてさらに勉強したい方は，たと
えば次のような論点を勉強すると，理解がさらに深まると思います。

① 売上返還等を未払計上した場合の取扱い
② 売上げの取消しがあった場合の取扱い
③ 貸倒れ処理後に売掛金などを回収した場合の対応

8

課税期間の単位と
短縮・変更

　この章では，消費税の申告期間の単位となる課税期間について紹介します。

　何も手続きをしていないのであれば通常気にならない項目かもしれません

が，課税期間を短縮したり変更したりすることで，クライアントに対して資

金繰りなどのアドバイスをすることができる場合もあります。

【Hop】
➢ 消費税の申告単位は「課税期間」
　① 個人は 1／1－12／31
　② 法人は事業年度
➢ 課税期間は短縮と変更が可能 ➡
　① 3 か月ごと
　② 1 か月ごと
➢ 法人の組織変更は影響しない

【Step】
➢ 短縮や変更をするには「消費税課税期間特例選択・変更届出書」の提出が必要
➢ 短縮や変更時の端数期間は「みなし課税期間」
➢ もとに戻すこともでき「消費税課税期間特例選択不適用届出書」の提出が必要

【Jump】
➢ 各種届出書のリスクを回避できる可能性

【Jump】
➢ もとに戻すには 2 年間の制限がある

　消費税の申告期間を「課税期間」といいます。この課税期間は，法人であればその事業年度，個人事業者であれば1月1日から12月31日までの暦どおりの期間となり，法人税や所得税の申告期間と同じ期間で申告をするのが原則です。つまり，事業年度や暦年中に行った取引をすべて集計することで消費税の確定申告書を作成し，1年間分として計算した納めるべき消費税額を納税するという流れとなります。ちなみに，申告や納付については，⑫で紹介しているので，そちらを確認してみてください。

　ここで，法人税や所得税にはない，消費税独特の取扱いとして，課税期間を短くすることができるという特例があるため，紹介していきます。

1　課税期間の短縮と変更

(1)　課税期間の短縮

　課税期間は短縮することが可能で，もともとは12か月ある課税期間を，3か月ごとや1か月ごとに短縮することができます。課税期間の短縮は，短い課税期間のたびに消費税の申告をすることになるため，輸出取引をメインとする事業者にとっては，短い期間での消費税還付が期待できるといった，資金繰りの面でメリットがあります。

　個人事業者と法人について，それぞれの短縮した課税期間は次のようになります。

【個人事業者】
① 　3か月ごとの課税期間：1月1日から3月31日まで，4月1日から6月30日まで，7月1日から9月30日まで，10月1日から12月31日までの各期間
② 　1か月ごとの課税期間：1月1日以後1月ごとに区分した各期間

【法人】
① 3か月ごとの課税期間：その事業年度を3か月ごとに区分した期間
② 1か月ごとの課税期間：その事業年度を1か月ごとに区分した期間

【1か月ごとの課税期間】

1か月ごとに課税期間を区切ったもの

【3か月ごとの課税期間】

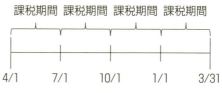

3か月ごとに課税期間を区切ったもの

(2) 課税期間の変更

これに対して，課税期間の変更とは，すでに課税期間の短縮をしている事業者が，異なる課税期間に切り替えることをいいます。たとえば，3か月ごとの課税期間を1か月ごとの課税期間に変えることです。

2 法人の組織変更がある場合

法人の課税期間は原則として事業年度となります。ここで，たとえば有限会社が株式会社に移行した場合など，その法人が組織変更などを行った場合は，その法人の課税期間には変更がなく，事業年度がそのまま課税期間となります。つまり，課税期間自体を短縮や変更しようとしない限り，課税期間は変わりません。

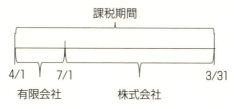

93

> **Point**
> 課税期間の短縮は，還付が期待される消費税申告において，資金繰りの面でメリットがあるといえます。

課税期間を短縮したり，変更したりする場合には，決められた手続きが必要です。ここでは，その手続きについて紹介します。

1　課税期間を短縮・変更する場合

課税期間を短縮するためには，「消費税課税期間特例選択・変更届出書」を，所轄税務署長に提出します。

その期限は，短縮したい課税期間の開始の日の前日までが原則です。なお，その提出した日の属する期間が，事業を開始した日の属する期間などである場合には，その提出した期間の初日以後から課税期間が短縮されます。

2　課税期間とみなす期間

課税期間を短縮や変更した場合には，次の図のように，課税期間が1年でも1か月でも3か月でもない中途半端な期間が生まれます。この期間は，1つの課税期間とみなされます。この期間を「みなし課税期間」といい，消費税の課税期間となります。

みなし課税期間は，課税期間の短縮をやめる場合にも生まれます。

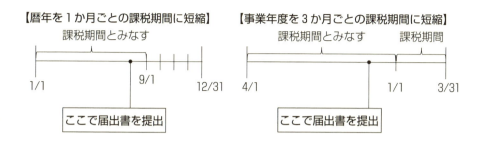

3 課税期間の短縮をやめてもとに戻す場合

　これに対して，課税期間の短縮をしていたところ，その短縮をやめて，もともとの課税期間に戻ることもできます。このための手続きとしては，「消費税課税期間特例選択不適用届出書」を所轄税務署長に提出します。

　提出をすると，その提出があった日の課税期間の末日の翌日から，課税期間を短縮しているという状態ではなくなり，法人であればその日から事業年度末まで，個人事業者であればその日から12月31日までの期間が，1つの課税期間となります。

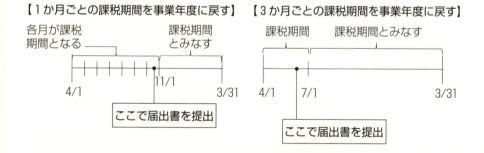

> **Point**
> 課税期間の短縮をやめることも可能で，届出書の効力が生じた日からその事業年度末や12月31日までの期間が，1つの課税期間となります。

　このように,課税期間については,短縮することもできますし,1か月ごとに短縮していたものを3か月ごとに変更することもでき,もとの1年間の課税期間に戻すことも可能です。ここでは,その理解を深めるために,いくつかのポイントを紹介します。

1　課税期間の短縮をやめるには期間に制限がある

　課税期間の短縮をしている事業者は,短縮の効力が生じる日から2年を経過する日の属する課税期間の初日以後にならないと,課税期間の変更やその適用をやめることができません。この期間内には,課税期間の変更や課税期間の短縮をやめる届出書を提出することができないしくみになっています。

　なお,事業を廃止した場合は例外的に認められます。

2　消費税の各種届出書の提出漏れのリスクを回避できる可能性

　この課税期間の短縮を活用することで,大きな設備投資を行うのに消費税の還付を受けることができなかったなどの消費税のリスクを避けることができる可能性があります。

　たとえば,4月1日から3月31日までの課税期間が免税事業者である場合に,大きな設備投資を2月に予定していたとしても,そのままでは消費税の還付を受けることはできません。通常は,その課税期間が始まる前に,「消費税課税事業者選択届出書」を提出して課税事業者となることを考える場面ですが,それを忘れてしまっていた場合に,この課税期間の短縮が活用できる可能性があります。なお,消費税の納税義務の判定については,14で紹介しています。

具体的には，設備投資の前に課税期間を短縮するとともに，設備投資の課税期間について課税事業者を選択するという流れになります。

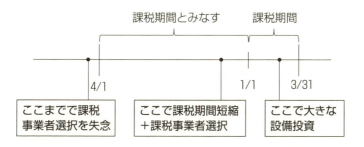

> **Point**
> 課税期間の短縮によって，各種届出書のリスクを回避することができる可能性があります。

Follow-Up

　この章では，消費税の申告期間の単位となる課税期間について紹介しています。課税期間についてさらに勉強したい方は，たとえば次のような論点を勉強すると，理解がさらに深まると思います。

○　個人事業者が年の中途で開業した場合と法人設立した場合の課税期間の考え方の相違点

9

本則課税による
仕入税額控除

　この章では，消費税の計算の根幹である仕入税額控除について紹介していきます。

　この仕入税額控除は，大きく分けて2つの方法があり，本則課税と呼ばれる原則的な仕入税額控除と，簡易課税と呼ばれる簡便的な方法があります。

　この章では，原則的な仕入税額控除について紹介して，簡易課税制度については，⑩で紹介します。

【Hop】
➢ 課税標準額に対する消費税額ー課税仕入れ等の税額
➢ 3つの方式…課税売上高と課税売上割合で判断
　① 全額控除方式
　② 個別対応方式
　③ 一括比例配分方式
➢ 仕入税額控除の要件：帳簿とインボイスの保存

【Step】
➢ 課税売上割合の例外
　① 課税売上割合に準ずる割合
　　事業の性質 or
　　たまたま土地の譲渡があった場合
　② 非課税資産の輸出取引や国外移送
　③ 相続により課税事業者となった場合
➢ 棚卸資産の税額調整
➢ 調整対象固定資産の調整

【Jump】
➢ 居住用賃貸建物に関する仕入税額控除の制限
➢ 課税仕入れ等の範囲の判断

まずは、本則課税による仕入税額控除の概要を把握しましょう。

1 計算の基本的なしくみ

消費税は、その課税期間中に受領した消費税から支払った消費税を控除することで、納めるべき税額を計算します。もう少し専門用語を使えば、課税資産の譲渡等の課税標準額に対する消費税額から、課税仕入れ等の税額を控除するということになります。計算の流れを簡単に示したものが次の図となります。

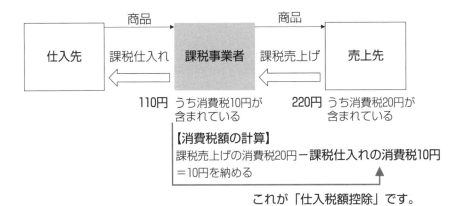

この、課税標準額に対する消費税額から課税仕入れ等の税額を控除することを「仕入税額控除」といいます。そして、このように課税仕入れ等の税額をそのまま控除する方法を全額控除方式といいます。

しかし、消費税法では、②で紹介した非課税取引となる売上げのために行った課税仕入れ等に関しては、その税額を控除するべきではないと考えられていて、実際に控除しないという計算のしくみを含めて、3つの仕入税額

控除の方法が用意されています。

　どの方法となるかは，その売上げの規模や売上げに占める課税売上げの割合（これを「課税売上割合」といい，後ほど紹介します）で決まります。

　具体的には，次の表のとおりです。

仕入税額控除の方法		課税売上高	
		5億円以下	5億円超
課税売上割合	95％未満	個別対応方式または一括比例配分方式	
	95％以上	全額控除方式	

　このように，全額控除方式となるのは，課税売上高が5億円以下で，かつ，課税売上割合が95％以上である場合に限られています。これら3つの方法は，後ほど3以降で紹介します。

2　課税仕入れ等とは

　ここで，課税仕入れ等の範囲を紹介します。まず，「課税仕入れ」は，消費税法において，次のように定義されています。

【「課税仕入れ」の定義】
　事業者が，事業として他の者から資産を譲り受け，もしくは借り受け，または役務の提供を受けること（当該他の者が事業として当該資産を譲り渡し，もしくは貸し付け，または当該役務の提供をしたとした場合に課税資産の譲渡等に該当することとなるもので，輸出免税取引等の規定により消費税が免除されるもの以外のものに限る。）をいう。

　これを簡単にいえば，①から③で紹介している課税対象取引のうち，売り手側にとって課税資産の譲渡等となるもので輸出免税取引となるもの以外が買い手側にとっての「課税仕入れ」となることが示されています。このよう

なつくりになっているのは，売り手にとって消費税額がオンされている取引でなければ，買い手である仕入れを行った者が消費税額の控除ができないようにするためです。

なお，「課税仕入れ等」の「等」には，$\boxed{1}$で紹介した輸入取引や，$\boxed{5}$の***Follow-Up***として触れた特定課税仕入れが含まれます。

つまり，売り手側が消費税の課税対象とした取引のうち純粋に8％または10％の消費税額をオンした取引に加え，輸入取引などを行った場合に，買い手側は課税仕入れ等の税額として，仕入税額控除の対象とすることができるのです。

ちなみに，課税仕入れ等の税額は，次のものとなります。

【課税仕入れ等の税額】

① 課税仕入れにおいて支払った対価の額 $\times \dfrac{7.8}{110}$ （軽減税率対象の場合 $\dfrac{6.24}{108}$）

② 輸入した貨物（保税地域から引き取った貨物）に課された消費税額

③ 特定課税仕入れに関する消費税額

---

3 全額控除方式

全額控除方式は，その名前のとおり，課税仕入れ等の税額の全額を控除できるというものです。前ページの表のとおり，その課税期間の課税売上高が5億円以下となり，課税売上割合が95％以上のときだけ使用することができる方法です。

4 個別対応方式

(1) 個別対応方式の概要

全額控除方式に対して，課税仕入れ等の税額のすべての控除が認められない方法が2つあります。その1つが個別対応方式と呼ばれるものです。この方法は，課税売上げにのみ要した課税仕入れ等の税額だけを控除するための

⑨ 本則課税による仕入税額控除

方法です。

具体的な計算方法については，課税仕入れ等を次の３つに区分することから始まります。

【課税仕入れ等の３区分】
① 課税資産の譲渡等にのみ要する課税仕入れ等（課税売上対応部分）
② 非課税資産の譲渡等にのみ要する課税仕入れ等（非課税売上対応部分）
③ 課税資産の譲渡等と非課税資産の譲渡等に共通して要する課税仕入れ等（共通対応部分）

その後，次の算式によって控除対象となる額を計算していきます。

　Ａ＋Ｂによって計算します。
Ａ＝課税売上対応部分（①）の税額の合計額
Ｂ＝共通対応部分（③）の税額の合計額×課税売上割合

そして，個別対応方式によって控除できる税額をイメージ化したものが次の図です。たとえば，非課税取引の対象となっている身体障害者用物品（車いすなど）の製造販売をしている事業者は，その車いすの材料の仕入れは課税仕入れになるところ，車いすの売上げは非課税売上げとなります。したがって，個別対応方式の場合，材料の仕入れに関する税額はこの②に当てはまるものとして，その全額が控除をすることができないことになります。

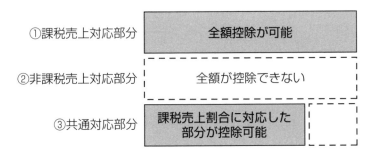

103

(2) 課税売上割合とは

① 課税売上割合の概要

ここで，課税売上割合について紹介します。課税売上割合とは，その課税期間中に行ったすべての資産の譲渡等のうち，課税資産の譲渡等（通常の課税売上げ＋輸出免税売上げ）の占める割合のことをいい，次の算式によって計算します。

【課税売上割合の算式】

$$課税売上割合 = \frac{課税売上高（税抜）＋輸出免税売上高}{課税売上高（税抜）＋輸出免税売上高＋非課税売上高}$$

この算式は，消費税の課税対象とされる売上げのうち，非課税売上げ以外の部分の割合を計算するものです。この割合を使って，ここで見た個別対応方式や，この次の5で紹介している一括比例配分方式によって，課税仕入れ等のうち課税売上げに対応する部分を計算することになります。

課税売上割合が95％以上で，課税売上高が5億円以下の場合に全額控除方式を使うことができるのは，ほとんどの課税仕入れ等が課税売上げに対応をするもので，その金額が少ないのならば，簡便的に全額の控除を認めてもおおむね問題ないということが理由です。

この課税売上割合の計算で，⑦で紹介している売上返還等，つまり，値引きや返品，割戻しがあった場合には，この課税売上高から控除してから課税売上割合を計算することになります。その際，前課税期間より前の課税売上げに関して返品などを受けた場合でも，当課税期間の課税売上高から控除します。この場合，免税事業者である期間のものであれば消費税を考慮せずそのまま税抜金額となりますが，課税事業者である期間のものであれば，税抜きの金額を課税売上高から控除する必要があります。

　また，売上返還等ではなく貸倒れの場合には，この課税売上割合の計算に影響はなく，課税売上高から控除されることはありません。

② 有価証券や支払手段などの譲渡

　また，2で紹介した非課税取引について，有価証券などを譲渡した場合には非課税売上げとなるため，この課税売上割合の算式で分母として計算します。

　ここで，一般的に，有価証券などの譲渡は，金額的に高額となることが多いです。つまり，本業が別にある事業者が運用目的などで有価証券を持っていて，たまたま株価が高いなどの理由でその有価証券を売却した場合，課税売上割合の計算では非課税売上げとなるため，その課税期間だけ大きく課税売上割合が下がり，仕入税額控除の額も低くなってしまうということがあります。

　そこで，課税売上割合の計算では，有価証券などの譲渡に限って，その譲渡対価の金額の5％だけを課税売上割合の計算に含めるとされています。実務上は，会計システムに，課税売上割合の計算用に，有価証券などの譲渡を意味する課税区分が設定されているはずなので，それを使いましょう。なお，「有価証券売却益の5％」ではなく，「有価証券などの譲渡対価の5％」なので，会計仕訳上の損益部分だけではないことに注意してください。

　これに対して，支払手段などの譲渡に関しては，有価証券などの譲渡とは異なる取扱いとなり，課税売上割合の計算には関係ありません。つまり，支払手段などの譲渡は，その譲渡対価を課税売上割合の算式に含みません。

5　一括比例配分方式

(1) 一括比例配分方式の概要

　課税仕入れ等の税額のすべての控除が認められないもう1つの方法が，一括比例配分方式と呼ばれるものです。
　個別対応方式の場合，課税仕入れ等となる取引のすべてを3つに用途区分する必要があるため，実務上はとても手間がかかります。これに対して，一括比例配分方式は，3つに用途区分しなくてよい方法で，次の算式で計算していきます。

すべての課税仕入れ等（①＋②＋③）の税額の合計額×課税売上割合

　したがって，一括比例配分方式を選んだ場合の実務上のメリットは，用途区分を行うのに手間がかからないという点がありますが，デメリットもあります。
　たとえば卸売業と土地の販売業を行う事業者の場合，課税売上割合が低くなることが予想されます。そのため，すべての課税仕入れ等に課税売上割合をかける一括比例配分方式で計算すると，卸売業に関する課税仕入れ等にも低い課税売上割合が反映されて，全体的に控除できる税額が少なくなる可能性があるのです。この例であれば，一括比例配分方式よりも，手間をかけてでも個別対応方式を選んだほうが有利になるかもしれません。

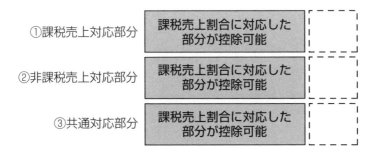

9 本則課税による仕入税額控除

(2) 一括比例配分方式の制限

　この一括比例配分方式は，実務上はとても便利なものであるとともに，個別対応方式と一括比例配分方式の両方で計算して，有利なほうを選んでよいとされています。そして，どちらを選んだとしても，届出書を提出するなどの特別な手続きは必要なく，申告書の記載欄に，どの方法を選んだかについて「○」をするだけとなっています。

　しかし，いったん一括比例配分方式を選んだ場合には，その後の仕入税額控除の方法の選択について制限があります。それは，一括比例配分方式を1度適用すると，その後2年間は個別対応方式を選ぶことができず，一括比例配分方式を使い続けなければならないというものです。

　これに対して，個別対応方式を選んだ課税期間から，一括比例配分方式への変更はいつでもできます。

　つまり，個別対応方式から一括比例配分方式へ変更すると，その後2年間は一括比例配分方式が強制適用されるということです。

　この個別対応方式と一括比例配分方式の選択に関しては，税理士への賠償請求が行われることがあります。個別対応方式を適用したほうが有利だったにもかかわらず，前課税期間に一括比例配分方式を選んで申告をしてしまっていたために，当課税期間で不利な一括比例配分方式を適用しなければならなくなって，税理士事務所が損害賠償請求を受けるのです。このような落とし穴を避けるためには，クライアントの投資計画や土地などの売却計画を確認しておく必要があります。なお，税理士への賠償請求に関しては，10でも紹介しています。

　このように，一括比例配分方式はメリットとデメリットがそれぞれ存在するということを知っておきましょう。

6　仕入返還等

　仕入返還等とは，事業者が国内において課税仕入れ等を行った後，返品を

107

受けたり，値引きや割戻しを受けたりすることで，その対価の一部の返還等を受けることをいいます。⑦で紹介している売上返還等を，課税仕入れをした側から見た取引とイメージしてください。

　この仕入返還等を受けると，課税仕入れ等の一部の返還を受けることになるため，課税仕入れ等の税額の合計額からこの仕入返還部分の税額を控除しなければなりません。

　この点，実務上は，大きく２つの取扱いがなされていると思います。

【仕入返還等の取扱い】
① 会計システムにおいて，仕入返還等のための専用の課税区分を使い，返還等を受けた仕訳でそれを適用する方法
② 課税仕入れ等を行った金額から，課税区分は通常の課税仕入れのものを使用して，返還等を受けた金額を直接控除する方法

　なお，この仕入返還等は，その課税期間に行った課税仕入れ等に関するものに限りません。前課税期間以前に行っていた課税仕入れ等でも，当課税期間に返還等を受けたものとして，当課税期間の課税仕入れ等の税額の合計額からその税額が控除されます。

　ここで，免税事業者であった課税期間に行っていた課税仕入れ等について，課税事業者となった課税期間になってから仕入返還等を受けた場合は，免税事業者であった前課税期間で仕入税額控除を受けたものではないという理由から，仕入返還等の控除はなされません。

7　帳簿の保存

　この仕入税額控除には，帳簿や請求書などを保存していないと認められないという要件があります。このうち，請求書などの保存に関しては，⑪でインボイス制度として紹介していますので，そちらを確認してみてください。ここでは，帳簿を保存しなければならないという要件について紹介します。

　帳簿については，次の事項を記載したものを保存する必要があります。その保存期間は，この帳簿の閉鎖の日の属する課税期間の末日の翌日から２か

月を経過した日から7年間です。この保存期間は，輸出免税の保存期間と同様のため，③**Hop** 2 を確認してみてください。

【通常の課税仕入れの場合】
① 相手方の氏名や名称
② 年月日
③ 課税仕入れの内容
④ 支払対価の額

【輸入取引の場合】
① 課税貨物を保税地域から引き取った年月日など
② 課税貨物の内容
③ 引取りに要した消費税額・地方消費税の金額やその合計額

　ここで，一般的に，会計システムに仕訳を入力する際，その金額や年月日については必要事項とされていると思います。したがって，摘要欄などに，その相手方の氏名・名称や内容部分について記載するのは，消費税の仕入税額控除の要件を満たすためでもあると理解しましょう。

> **Point**
> ・仕入税額控除には3つの方式があり，個別対応方式と一括比例配分方式は選択制で，メリットとデメリットがあります。
> ・課税売上割合は，すべての資産の譲渡等のうち，課税資産の譲渡等の占める割合で，その計算には有価証券などの譲渡のように特殊な取扱いをするものがあります。
> ・仕入税額控除をするためには，帳簿などを保存する必要があります。

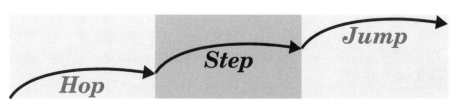

　このように，仕入税額控除は，消費税額を計算するための基本的で大変重要な項目です。ここでは，**Hop**で紹介した基本的な内容に加えて，応用的

な内容を紹介していきたいと思います。

1 課税売上割合に関する例外

これまで紹介したように，課税売上割合は，仕入税額控除を計算するために，控除する方式の選択や，控除額自体に影響がある重要な割合でした。しかし，1つの算式で計算した課税売上割合を例外なくすべての事業者に当てはめると，その事業者の状況や環境，事情によって，消費税の納税額が大きくなってしまうなどの可能性も考えられます。

そこで，課税売上割合には，次のような例外が準備されています。

(1) 課税売上割合に準ずる割合

① 課税売上割合に準ずる割合の概要

1つ目は，「課税売上割合に準ずる割合」というものです。これは，個別対応方式を選んだ場合の共通対応部分の計算において，本来の課税売上割合の代わりに，課税売上割合に準ずる割合として別の割合を使用することができるというものです。

この制度を使おうとする場合，「消費税課税売上割合に準ずる割合の適用承認申請書」を，その適用したい課税期間の末日までに提出し，事業の実態を反映しているものであるという承認を受けなければなりません。

ここで，課税売上割合に準ずる割合として認められる可能性のある割合には，たとえば次のような算式があります。

【課税売上割合に準ずる割合】

〈具体例①〉

$$従業員の割合 = \frac{課税資産の譲渡等に関する業務のみ担う従業員数}{すべての課税対象取引に関する従業員数}$$

〈具体例②〉

$$床面積の割合 = \frac{課税資産の譲渡等に関する業務で使用する床面積}{すべての課税対象取引に関する業務で使用する床面積}$$

9 本則課税による仕入税額控除

〈具体例③〉

$$取引件数の割合 = \frac{課税資産の譲渡等に関する業務の取引件数}{すべての課税対象取引に関する取引件数}$$

〈具体例④〉

$$事業部門の売上割合 = \frac{事業部門ごとの課税売上高}{その事業部門のすべての課税対象取引に関する売上高}$$

　なお，**具体例**④については，複数の部門を持つ事業者は，すべての部門に同じ割合を適用せずに，事業部門ごとの割合で承認申請をすることができます。たとえば，独立採算制の対象となっている部門や，部門別会計など独立して会計単位としている場合にのみ認められます。

> **Point**
>
> **課税売上割合に準ずる割合を使用することで，その事業の実態を反映させて仕入税額控除の計算をすることができます。**

② 　たまたま土地の譲渡があった場合の課税売上割合に準ずる割合

　事業者によっては，本社移転をするなど，本業とは別のところでたまたま土地の譲渡をする場合もあります。そのとき，②で紹介したとおり，土地の譲渡は非課税売上げとなるため，その課税期間だけ大きく課税売上割合が下がることになります。

　このため，その土地の譲渡が単発のもので，かつ，その土地の譲渡がなかったとした場合には，事業の実態に変動がないと認められる場合に限って，次の割合のどちらか低いほうを，課税売上割合に準ずる割合とすることができるという取扱いがあります。

① 　その土地の譲渡があった課税期間の前3年に含まれる課税期間の通算課税売上割合[※]
② 　その土地の譲渡があった課税期間の前課税期間の課税売上割合

[※] 「通算課税売上割合」とは，その課税仕入れ等の日の属する課税期間から数えて第3年度の課税期間までの課税売上割合を通算した割合をいいます。**3**以下で紹介する調整対象固定資産に関する調整にも，この通算課税売上割合が必要になります。

111

ここで，「事業の実態に変動がないと認められる場合」とは，事業者の営業の実態に変動がない場合で，かつ，過去3年間の課税売上割合に大きな変動がない場合です。具体的には，最も高い課税売上割合と最も低い課税売上割合の差が5％以内である必要があります。

また，この特例の適用を受けようとする場合，①と同じく「消費税課税売上割合に準ずる割合の適用承認申請書」を，適用を受けようとする課税期間の末日までに提出して承認を受ける必要があります。この場合，土地の譲渡は単発でしょうから，翌課税期間に「消費税課税売上割合に準ずる割合の不適用届出書」を提出することも必要です。

> **Point**
>
> クライアントの土地の譲渡については，税理士事務所として，その予定の有無を知っておくべきです。

(2) 非課税資産の輸出取引や国外移送

仕入税額控除を計算する際，個別対応方式を選べば，非課税売上げにのみ要する課税仕入れ等について仕入税額控除をすることができません。したがって，たとえば車いすの製造・輸出を営む事業者は，車いす製造のための材料の仕入れに関しては課税仕入れとなり，輸出販売する際は非課税売上げとなってしまうことになりますが，この場合には，消費税相当額を海外の消費者に転嫁しなければならなくなります。しかし，消費税は，国内での消費に着目して税を課すというしくみのため，バランスがとれません。

そこで，海外の消費者と非課税売上げとなる取引を行った場合には，それに要した仕入税額控除を認めるというしくみになっています。

9 本則課税による仕入税額控除

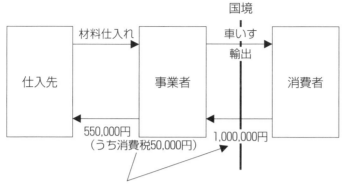

仕入税額控除が認められるために海外消費者に転嫁しなくて済む

その具体的な取扱いと要件は次のとおりです。

【取扱い】
- 非課税資産の輸出は、課税売上割合の計算において輸出免税売上げとみなす。
- 個別対応方式を選んだ場合、課税売上げにのみ要する課税仕入れ等とみなす。

【対象取引】
① 身体障害者用物品の輸出
② 教科用図書の輸出
③ 貸付金の利子でその借入者が非居住者であるもの
④ 手形の割引による収入で、非居住者が割引を受けたもの
(※) 有価証券や支払手段などを輸出したとしても、この対象とはなりません。

【要件】
輸出をしたという証明があること。具体的には、3で紹介した輸出免税取引となるための要件と同様で、輸出証明書などを保存する。

なお、国外でその事業者が自ら使用するためなどの目的で資産を輸出した場合にも、輸出証明がされた場合は、同様の取扱いとなります。これを「国外移送」といいます。

| Point |
非課税資産を輸出した場合、課税売上割合の計算では輸出免税売上げとなります。しかし、基準期間の課税売上高の算定上は輸出免税売上げとなりません。

(3) 相続などがあったことにより課税事業者となった場合

　相続などがあったことによって事業を引き継いだ結果，課税事業者になる場合があります。詳しくは14で紹介していますので，そちらを確認してください。
　この場合，期の途中で課税事業者となるため，課税事業者となった後の期間のみの売上高を使用して課税売上割合を計算することになります。

2　棚卸資産の税額調整

(1) 棚卸資産の税額調整の概要

　これまで紹介してきたように，仕入税額控除は，課税売上げによる消費税額から課税仕入れに要した消費税額を控除するというものです。ここで，たとえば小売業を営んでいる事業者が，免税事業者であった期間に仕入れた商品をその課税期間中に売ることができず，課税事業者となった翌課税期間で販売ができたとした場合には，仕入れた商品は仕入税額控除ができないにもかかわらず，課税売上げ部分は消費税額を納めるという結果となってしまいます。
　そこで，消費税の計算においては，このような免税事業者が課税事業者となった場合，またはその逆である課税事業者が免税事業者となった場合に，棚卸資産の税額調整をするというしくみがあります。実務上は，在庫表などから，どのタイミングで仕入れたものかを把握しつつ，会計システムや申告書作成システムに登録する必要があるでしょう。

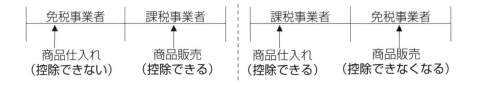

⑨ 本則課税による仕入税額控除

(2) 免税事業者から課税事業者となった場合

事業者が免税事業者から課税事業者となった場合，課税事業者となる直前の免税事業者である課税期間の末日において保有し，かつ，免税事業者である期間中に仕入れた棚卸資産の課税仕入れ等に係る消費税額が，課税事業者となった課税期間において仕入税額控除の対象となります。

なお，棚卸資産の取得費などの付随費用についてもこれに含まれるとされています。これは次の(3)の場合も同様です。

また，相続などによって課税事業者が免税事業者である被相続人の事業を承継した場合にも，同じ取扱いがあります。

(3) 課税事業者から免税事業者となった場合

逆に，事業者が課税事業者から免税事業者となった場合，免税事業者となる直前の課税事業者である課税期間の末日において保有し，かつ，その課税期間中に仕入れた棚卸資産の課税仕入れ等に係る消費税額を，課税事業者である課税期間において仕入税額控除の税額から控除されることになります。

翌課税期間において免税事業者となることは，⑭で紹介しているとおり事前にわかるものです。そして，免税事業者となる直前の課税期間に仕入れた棚卸資産に限定して調整されるのは，その調整が仕入税額控除の税額を減額するものであるため，過年度から有する棚卸資産は納税者有利の考え方で対象とされていないのです。

Point
年間の売上げが平均1,000万円前後の事業者は，課税事業者となったり免税事業者となったりするため，申告時には棚卸資産の状況について毎回確認することが重要です。

3 調整対象固定資産の仕入税額控除の調整

(1) 調整対象固定資産の調整の必要性

　法人税や所得税の計算では，長期に使用することになる固定資産を，減価償却という按分計算を行って，長期間にわたる費用としたうえで税金の計算をすることが通常です。これに対して，消費税の計算では，固定資産であっても棚卸資産であっても，その仕入れに要した消費税額は，その課税仕入れ等の日の課税期間の仕入税額控除の対象とされます。

　このしくみは，必ずしも適切とはいえない場合があります。たとえば，たまたま課税売上割合が低い課税期間に固定資産を取得した結果，通常よりも仕入税額控除の税額が小さくなる場合もあるでしょうし，その逆もまたあります。そこで，消費税の計算では，固定資産に関する課税仕入れ等について，これから紹介するような調整計算を準備しています。

　この対象となるのは，「調整対象固定資産」と呼ばれるものです。この調整対象固定資産に該当するかどうかの判断は，次のように行います。この調整対象固定資産は，14で紹介する納税義務の判断においても出てくるので，14を確認するときはこちらもチェックしてください。

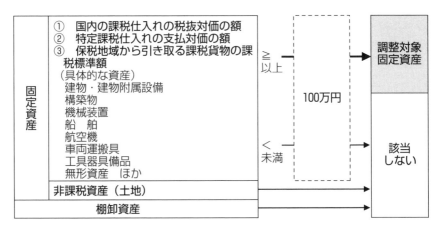

　　　　　　　　　　　　　　　　　　9　本則課税による仕入税額控除

　なお，この100万円の判定について付随費用は含まれません。この点は，
2で紹介した棚卸資産の税額調整とは異なる取扱いとなります。

(2)　調整対象固定資産の仕入税額控除の調整方法

①　仕入税額控除の税額に加算する調整計算

　次の要件を満たした場合に，仕入税額控除の税額に加算するという調整を
行います。

(i)　調整対象固定資産を仕入れた課税期間において，比例配分法^(※1)によって
　　仕入税額控除の税額を計算していること
(ii)　第3年度の末日に，その調整対象固定資産を有していること
(iii)　課税売上割合の著しい変動があること^(※2)

(※1)　「比例配分法」とは，個別対応方式における共通対応部分について，課税
　　　売上割合を乗じて仕入控除税額を計算する方法や一括比例配分方式による方
　　　法です。なお，課税期間中の課税売上高が5億円以下，かつ，課税売上割合
　　　が95％以上であるためその課税期間の課税仕入れ等の税額の全額が控除され
　　　る場合を含みます。
(※2)　「課税売上割合の著しい変動」については，次のどちらも満たす変動をい
　　　います。

【課税売上割合の著しい変動があったとされる場合】
　A：通算課税売上割合，B：課税仕入れ等の課税期間の課税売上割合
ア　変動率　　　　　　　　　イ　変動差
$$\frac{A-B}{B} \geq 50\%$$　　　　　　　$$A-B \geq 5\%$$

たとえば，次の図を前提に計算してみましょう。

117

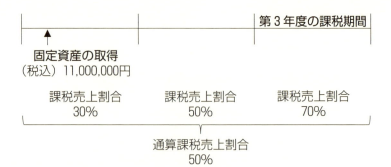

この場合，課税仕入れ等の課税期間の課税売上割合が30％，そして通算課税売上割合が50％です。つまり，

変動率：$\dfrac{50\%-30\%}{30\%}=66.6\% \quad \geqq 50\%$

変動差：$50\%-30\%=20\% \quad \geqq 5\%$

となり，課税売上割合が大きく増加したという著しい変動があるため，調整計算が必要です。

この場合の調整計算は，まず，調整の対象となる税額を求めます（これを「調整対象基準税額」といいます）。

$11,000,000円 \times \dfrac{10}{110} = 1,000,000円$

次に，調整対象基準税額から，控除が認められる税額（通算課税売上割合で求める税額）と，すでに控除済みの税額を計算して，その差額である仕入税額控除の税額に加算すべき税額を求めます。

【仕入税額控除に加算すべき税額の計算】
イ　控除が認められる税額：1,000,000円×50％＝500,000円
ロ　すでに控除済みの税額：1,000,000円×30％＝300,000円
ハ　仕入税額控除の税額に加算すべき税額：イーロ＝200,000円

したがって，この200,000円を，第3年度の仕入税額控除の税額に加算して，適正な消費税額を計算していくことになります。

9　本則課税による仕入税額控除

② 仕入税額控除の税額から控除する調整計算

これに対して，仕入税額控除の税額から控除すべき場合もあります。通算課税売上割合が著しく減少した場合です。次の要件を満たした場合に，この計算を行う必要があります。

> (i) 調整対象固定資産を仕入れた課税期間において，比例配分法によって仕入税額控除の税額を計算していること。または，全額控除方式によって計算していること
> (ii) 第3年度の末日に，その調整対象固定資産を有していること
> (iii) 課税売上割合の著しい変動があること(※)

(※)「課税売上割合の著しい変動」については，次のどちらも満たす変動をいいます。仕入税額控除の税額に加算する調整とは，算式が異なります。

> 【課税売上割合の著しい変動があったとされる場合】
> A：通算課税売上割合，B：課税仕入れ等の課税期間の課税売上割合
> ア　変動率　　　　　　イ　変動差
> $\dfrac{B-A}{B} \geq 50\%$　　　　$B-A \geq 5\%$

こちらも，次の図を前提に計算してみましょう。

この場合，課税仕入れ等の課税期間の課税売上割合が90％，そして通算課税売上割合が40％です。つまり，

119

$$変動率：\frac{90\%-40\%}{90\%}=55.5\% \quad \geqq 50\%$$

変動差：90％－40％＝50％　　≧ 5 ％

となり，課税売上割合が大きく減少したという著しい変動があるため，調整計算が必要です。

調整対象基準税額から，控除が認められる税額と，すでに控除済みの税額を計算して，その差額である仕入税額控除の税額から減算すべき税額を求めます。

【仕入税額控除に加算すべき税額の計算】

イ　控除が認められる税額：1,000,000円×40％＝400,000円

ロ　すでに控除済みの税額：1,000,000円×90％＝900,000円

ハ　仕入税額控除の税額から減算すべき税額：ロ－イ＝500,000円

したがって，この500,000円を，第 3 年度の仕入税額控除の税額から減算して，適正な消費税額を計算していくことになります。

なお，仕入税額控除の税額から控除する調整計算は，全額控除方式で仕入税額控除の税額を計算している場合にも適用されます。この場合，課税仕入れ等の課税期間において課税売上割合によって計算されているわけではないため，

調整対象基準税額－調整対象基準税額×通算課税売上割合

という計算式によって計算した額を，第 3 年度の仕入税額控除の税額から控除することになります。

Point

調整対象固定資産に関しては，取得してから第 3 年度の課税期間となるまで，仕入税額控除の税額が確定しないといえます。したがって，申告書を作成する際，基準期間の課税売上高を確認すると思いますが，あわせて調整対象固定資産の取得があったかどうか，課税売上割合の変動はどうなっているかなどについて確認することが望ましいといえます。

9 本則課税による仕入税額控除

　これまで紹介してきたように，本則課税による仕入税額控除は，消費税の計算において大変重要な項目です。ここでは，理解をさらに深めるために，直近の改正内容や，判断に迷う事例などを紹介していきます。

1　居住用賃貸建物に関する仕入税額控除の制限

(1)　居住用賃貸建物に関する仕入税額控除の制限の概要

　2で紹介したように，住宅の貸付けは非課税取引となるため，アパートなどの居住用賃貸建物を取得しても，通常は非課税売上げしか発生しません。つまり，個別対応方式を選んだ場合には非課税売上げにのみ要する課税仕入れとなるため仕入税額控除となりません。

　ところが，全額控除方式が適用される課税期間では，居住用賃貸建物に関する消費税額は仕入税額控除の対象とすることができ，一括比例配分方式においても，課税売上割合に対応する部分は同じく控除の対象となります。そのため，非課税売上げを生むための課税仕入れに関して，税額控除ができてしまうという問題がありました。一般に，居住用賃貸建物は，金額が高額であるため，その影響は大きなものがありました。

　これを正しい形にするために，令和2年10月1日以後に居住用賃貸建物を取得する場合には，仕入税額控除の対象とはならないことになりました。

(2)　制限の対象となる居住用賃貸建物

　この制限の対象となるのは，居住用賃貸建物です。具体的には，住宅の貸付けの目的に使用しないことが明らかな建物以外の建物で，「高額特定資産等」に該当するものとされています。

高額特定資産の内容については⏨で紹介していますが，簡単にいえば，棚卸資産や調整対象固定資産のうち，その取得に要した税抜価額が1,000万円以上のものです。

近年では，建物の施工費や不動産価額自体の高騰によって，1,000万円を下回る建物はあまり見当たらないため，クライアントから賃貸アパートを取得したいといわれたときは，この居住用賃貸建物の仕入税額控除の制限について考えたほうがよいと思います。

ここで，「住宅の貸付けの目的に使用しないことが明らか」かどうかについては，次のように判断します。

① **契約書の内容で判断**
契約書に「店舗用として賃貸する」などの文言があれば，こちらで判断します。
② **構造や設備の状況によって判断**
契約書では判断ができない場合は，その建物などの状況によって判断します。
たとえば，
  イ：建物のすべてが店舗などの事業用施設である場合
  ロ：旅館やホテルなどの施設の貸付けに供することが明らかな建物
  ハ：棚卸資産として取得した建物であって，所有している間，住宅の貸付けの用に供しないことが明らかなもの
については，住宅の貸付けの目的であるとはされません。

(3) 判定時期

居住用賃貸建物に該当するかどうかの判定は，その課税仕入れを行った日や，自己建設の場合は，建設のために要した課税仕入れが1,000万円以上となった日で判断します。

(4) 実務上の対応

実務上は，やはり課税区分の判断が重要です。居住用賃貸建物に当てはまる建物の課税仕入れについては，仕入税額控除の対象とならないため，専用の課税区分の設定がないのであれば，「不課税取引」などとする必要があり

ます。

　これによって，税抜経理方式を選んでいる場合は，高額な資産に係る控除対象外消費税額等が発生すると思います。その取扱いについては⑬を確認してみてください。

　なお，居住用賃貸建物を取得した課税期間の初日から3年後の課税期間までの間に，その居住用賃貸建物を事務所などに転用した場合は，一定の仕入税額控除の調整があります。

Point

- 居住用賃貸建物の仕入税額控除の制限は，近年新しくつくられたしくみで，実務上，忘れてしまう可能性があります。
- 居住用賃貸建物に当たるかどうかの判断と経理処理が重要となります。

2　課税仕入れ等の範囲の判断

　これまでさまざまな仕入税額控除の計算のしくみを紹介してきましたが，その前提となるのは，事業者が行った取引が，課税仕入れ等となるのかどうかということです。課税仕入れ等となったということで，これまでみてきたような計算が行われるため，実務上は，課税仕入れ等となるのかどうかという判断が重要といえます。ここでは，その判断材料となる考え方を紹介します。

(1)　原資と目的

　課税仕入れ等として仕入税額控除の対象となるためには，対価の支払いが必要です。この原資が何であっても，たとえば不課税取引となる保険金をもらい，その保険金を原資として課税仕入れを行った場合でも，課税仕入れ等となります。

　また，その仕入れがどのような目的であっても，たとえば従業員に現物として商品の寄附をするために（寄附自体は課税仕入れ等とはなりません），その商品を購入したとしても，その商品自体が通常の課税資産の譲渡等に該当

するものであれば（非課税取引となる金券などの仕入れでなければ），課税仕入れ等となります。

このように，課税仕入れ等となるかどうかの判断は，その原資や目的は関係なく，あくまで何を購入などしたかという取引自体に注目して行います。

(2) 給与と通勤費・日当など

また，1でも紹介したとおり，役員報酬や従業員への給与などの支払いは，雇用関係などに基づく労働の対価であるため，課税対象取引とはならず，不課税取引となります。

しかし，従業員などに支払う通勤手当，出張旅費や宿泊費，そして日当などは不課税取引とはならず，その金額が通常必要であると認められる範囲内であれば，課税仕入れ等となります。

通勤手当が課税仕入れ等となる理由は，本来，事業者の業務のために交通機関などに支払うべきものを，従業員などを経由して支払っているためとされて，雇用関係などに基づく給与とは別個に考えられているからです。

出張旅費についても，その事業者が業務のための命令で遠方などに出張するために必要とするもので，同じく雇用関係などに基づく給与とは別個に考えられています。どのような場合であれば出張旅費に該当するのかという点については，次のようなものであれば，業務上必要な旅行などとされます。

【課税仕入れ等に該当する出張旅費など】
① 勤務する場所を離れて職務をするために行う旅行に要する費用
② 転勤するための引っ越しのための旅行に要する費用
③ 就職や退職などした者の，その就職や退職のための引っ越しのための旅行に要する費用

また，日当については，移動のために支出するものではありませんが，日当としての性格にちなんで課税仕入れ等となるとされています。つまり，日当の性格について，従業員などはその業務命令がなければ遠方に行くことはなく，本来は自宅で食事などの通常の生活が送られていたところ，業務命令で

遠方に行ったために外食などをするしかなくなり，通常であれば必要なかった支出をしたことに対する補てんであるという理由です。

遠方での外食などは消費する行為であるため，課税仕入れ等となっています。

なお，海外出張を理由として事業者が支出する日当は，その消費が国内で行われたものではないために，課税仕入れ等とはなりません。

(3) 給与と外注費

これと似た話として，給与と外注費の判断があります。これまで紹介したとおり，給与であれば課税仕入れ等とはなりませんが，外注費の支払いであれば課税仕入れ等となります。

たとえば，加工賃や人材派遣料のように，事業者が行う労働やサービスの提供の対価としての支払いであれば，課税仕入れ等となります。また，警備や清掃などを外部に委託した場合に支払う委託料なども，課税仕入れ等となります。

この判断については，税理士事務所は常に頭を抱えています。明確な基準はなく，よく問題となる論点でもあります。一般的には，事業者の指揮や命令に従って労働に従事する雇用契約などに当てはまるのか，それとも請負や委託契約といった成果に注目して支払いがなされる契約に該当するのかどうかです。

この点を考えるには，国税庁が示す「個人事業者と給与所得者の区分」という通達が参考になります。具体的には，次のようなことを総合的に考えて，請負などに該当するかどうかの判断をするという内容が示されています。

① その契約の役務の提供の内容は，他人が代わりにできるかどうか
② 役務の提供をするために事業者の指揮や監督を受けるかどうか
③ 引渡しをしていない完成品が不可抗力のため滅失した場合などにおいても，その個人が権利としてすでに提供した役務の報酬の請求をすることができるかどうか
④ 役務の提供のための材料や用具は事業者から供与されているかどうか

これらの内容からは，雇用関係であれば，

①については，雇用関係を解消することができず（外注なら解約もできる），

②については，指揮や命令を受ける立場にあり，

③については，どんな場合でも給与を請求することができ，

④については，事業者から業務に必要なものが提供される，

と考えられます。

このようなことを念頭に，その個人に支払う取引が，給与なのか，外注費なのかという判断について実態を見ながら行っていきます。

Follow-Up

この章では，消費税の計算の根幹として，本則課税による仕入税額控除について紹介しています。本則課税による仕入税額控除についてさらに勉強したい方は，たとえば次のような論点を勉強すると，理解がさらに深まると思います。

①	調整対象固定資産を転用した場合の取扱い
②	居住用賃貸建物を用途変更したり，譲渡したりした場合の取扱い
③	国等の特例や特定収入割合
④	居住用賃貸建物を事務所用に転用した場合の取扱い

10

簡易課税制度による
仕入税額控除

　この章では，簡易課税制度について紹介します。

　これは，⑨で紹介した本則課税による仕入税額控除とは違い，課税売上げの消費税額部分だけを集計したうえで，「みなし仕入率」によって控除する消費税額を計算するというものです。課税仕入れ等に関する仕入れ側の用途区分の判断が不要となることから実務上の手間が軽くなるため，中小事業者の事務負担への配慮から設けられている制度といえます。

【Hop】
- ➤ 課税標準額に対する消費税額－課税標準額に対する消費税額×みなし仕入率
- ➤ 2つの要件
  - ① 「消費税簡易課税制度選択届出書」の提出
  - ② 基準期間の課税売上高が5,000万円以下
- ➤ 制　限
  課税事業者を選択していて調整対象固定資産の課税仕入れ等をしたなどの一定の場合，3年間選択できない
- ➤ やめる場合には「消費税簡易課税制度選択不適用届出書」の提出
- ➤ 2年間継続しなければならない
- ➤ みなし仕入率は事業によって判断する（90%～40%）

【Step】
- ➤ 絶対に還付申告ができない

- ➤ 事業ごとに区分していない場合には不利になる

【Jump】
- ➤ 事業区分の判断は日本標準産業分類を参考とする
- ➤ 「消費税簡易課税制度選択届出書」は期限内取下げができる

まずは、簡易課税制度の全体像を把握しましょう。

1 適用に関する手続きと要件

(1) 簡易課税制度の適用を受けようとする場合

簡易課税制度は、事業者が手続きをすることで適用される制度で、適用を受けることをやめる手続きをしない限り、次の要件を満たすのであれば強制的に適用される制度です。

簡易課税制度が適用される要件は、次のとおりです。

【簡易課税制度が適用される要件】
次の①と②をどちらも満たすこと。
① 「消費税簡易課税制度選択届出書」を所轄税務署長に提出していること
② その課税期間の基準期間における課税売上高が5,000万円以下であること
（「基準期間」は⑭で紹介しています）

このうち、①については届出書の提出が必要となり、簡易課税制度の適用を受けようとする課税期間が始まるまでに所轄税務署長に提出しなければなりません。なお、事業を開始した課税期間であったり、相続などで事業を承継したりした場合には、その提出をした課税期間から簡易課税制度の適用を受けることができるなどの特例があります。

また、次のどれかに当てはまる場合、その課税期間から3年間、簡易課税制度を選択することができないという制限もあります。

10 簡易課税制度による仕入税額控除

【簡易課税制度が3年間選択できなくなる場合】
① 課税事業者を選択していて調整対象固定資産の課税仕入れ等をした場合
② 新設法人や特定新規設立法人が調整対象固定資産の課税仕入れ等をした場合
③ 本則課税の事業者が高額特定資産の課税仕入れ等をした場合
④ 高額特定資産である棚卸資産などについて，免税事業者が課税事業者となった場合の調整をした場合

（※） 課税事業者の選択や，新設法人，そして特定新規設立法人，高額特定資産については，14で紹介していますので，確認してみてください。

(2) 簡易課税制度の選択をやめようとする場合

　これに対して，簡易課税制度の適用を受けている事業者が，その適用をやめて本則課税に戻そうとする場合には，「消費税簡易課税制度選択不適用届出書」を所轄税務署長に提出しなければなりません。

　その提出期限は，本則課税に戻したい課税期間が始まるまでです。

　また，簡易課税制度を1度適用したら，その後2年間継続して適用しなければ，その適用をやめるための「消費税簡易課税制度選択不適用届出書」を提出することはできません。

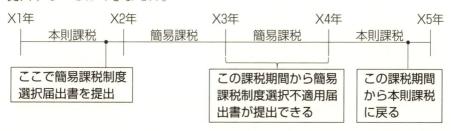

2 計算の基本的なしくみ

　簡易課税制度を選んだ場合，その課税期間中の消費税の納税額の計算のしくみについて，簡単に示したものが次の図です。

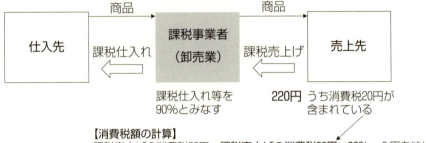

　この図のように，簡易課税制度は，仕入税額控除の税額を計算する際，課税売上げに関する税額から仕入控除税額を計算するしくみです。具体的な計算方法は，次のように複数の事業を営んでいるかどうかで異なります。

(1) 1種類の事業だけを営んでいる場合

　1種類の事業だけを営んでいる場合，次の計算式によって仕入税額控除の税額を計算します。

$$仕入控除税額 = \left(\begin{array}{c}課税標準額に\\対する消費税額\end{array} - \begin{array}{c}売上返還等の金額\\に係る消費税額\end{array}\right)$$

$$\times みなし仕入率 \left\{\begin{array}{l}・第1種事業　90\%\\・第2種事業　80\%\\・第3種事業　70\%\\・第4種事業　60\%\\・第5種事業　50\%\\・第6種事業　40\%\end{array}\right.$$

⑩　簡易課税制度による仕入税額控除

(2)　2種類以上の事業を営んでいる場合

　2種類以上の事業を営んでいる場合は，次の方法によって仕入控除税額を計算することが原則です。そのほか，簡便法と呼ばれる方法もあります。

〔原則法〕

$$
仕入控除税額 = \left(\begin{array}{c} 課税標準額に \\ 対する消費税額 \end{array} - \begin{array}{c} 売上返還等の金額 \\ に係る消費税額 \end{array} \right)
$$

第1種事業に係る×90%消費税額	+	第2種事業に係る×80%消費税額	+	第3種事業に係る×70%消費税額	+	第4種事業に係る×60%消費税額	+	第5種事業に係る×50%消費税額	+	第6種事業に係る×40%消費税額
第1種事業に係る消費税額	+	第2種事業に係る消費税額	+	第3種事業に係る消費税額	+	第4種事業に係る消費税額	+	第5種事業に係る消費税額	+	第6種事業に係る消費税額

×上記の分数

3　計算方法の特例

　また，次の(1)や(2)のような特例的な計算方法もあります。これらのうち，事業者は，総合的に仕入税額控除の額が最も高く計算される方法（つまり，消費税の納税額が最も少なく計算される方法）を選ぶことができます。

(1)　1種類の事業の課税売上高が75%以上の場合

　2種類以上の事業を営む場合で，そのうちの1種類の事業の課税売上高が全体の75%以上である場合には，その事業区分のみなし仕入率で全体の仕入税額控除を計算することができます。

(2)　2種類の事業の課税売上高の合計が75%以上の場合

　3種類以上の事業を営む場合で，そのうち2種類の事業の課税売上高の合計額が，全体の75%以上である場合には，

①　その75%以上を占めた2種類の事業のうち，みなし仕入率の高いほうの事業には，そのみなし仕入率を用いて，

②　それ以外の事業については，残る2種類のうち低いほうのみなし仕入率を用いる

131

という方法によって計算することができます。

　たとえば，卸売業10,000円，小売業6,000円，不動産業4,000円で課税売上高の合計が20,000円である場合には，卸売業50％＋小売業30％≧75％であるため，卸売業10,000円部分の課税売上高には90％を適用して，残る部分には卸売業と小売業のみなし仕入率のうち低いほうである小売業の80％を適用するということになります。

4　事業区分の判断

　このように，事業の区分ごとにみなし仕入率が異なります。ここで，対象となる事業がどの事業区分となるかの判断は，次の表に当てはめて行います。

事業区分	業　種	みなし仕入率
第1種事業	卸売業	90％
第2種事業	小売業， 農業・林業・漁業（飲食料品の譲渡に関する事業に限る）	80％
第3種事業	農業・林業・漁業（飲食料品の譲渡に関する事業を除く），鉱業，建設業，製造業，電気業，ガス業，熱供給業，水道業	70％
第4種事業	第1種事業，第2種事業，第3種事業，第5種事業，第6種事業以外の事業	60％
第5種事業	運輸通信業，金融業・保険業，サービス業（飲食店業に該当するものを除く）	50％
第6種事業	不動産業	40％

　したがって，簡易課税制度を選んでいる場合には，その課税売上高がどの事業区分に当てはまるのかについて，この6種の区分の中から判断することになります。

10 簡易課税制度による仕入税額控除

> **Point**
> ・簡易課税制度は，事業者が選択して初めて適用される制度で，適用を受けたい課税期間が始まるまでに届出書を提出する必要があります。
> ・簡易課税制度の適用を受けたり，その適用をやめたりする場合には，一定の制限があります。

これまで紹介したように，簡易課税制度は，課税売上高を出発点として，仕入税額控除を計算する制度です。この制度にはいくつか注意しなければならない落とし穴があります。

1 簡易課税制度では絶対に還付を受けることができない

簡易課税制度は，課税売上高を使って仕入税額控除を計算するものです。逆にいえば，課税売上高に関する消費税額より仕入税額控除の額が高額となることはないため，いわゆる中間納付還付を除いて必ず納税額が発生します。

これにより，大規模な設備投資など多くの課税仕入れ等をすることがわかっているのに，本則課税を選ぶというアドバイスや手続きを忘れてしまった場合には，税理士事務所は損害賠償請求をされることもあります。実際に，このような賠償責任は「税理士賠償責任」と呼ばれ，略して「税賠」ということもあります。

税賠の事例では，簡易課税制度の選択や手続きに関するものが多く見られます。消費税は，税理士事務所にとって最大限に注意しながら取り組む必要がある税目なのです。

そのためには，まずは**Hop**で紹介したような簡易課税制度の選択について，

選択をすることができない期間や本則課税に戻ることができない期間を把握しつつ，アドバイスや手続きをする必要があります。

また，1度提出した「消費税簡易課税制度選択届出書」は，**Hop**の1(2)で紹介した手続きをしない限りずっと有効です。このため，相当昔に簡易課税制度を選択していて，近年ずっと課税売上高が5,000万円以下となることがなかったために本則課税で計算していたところ，たまたまある年に課税売上高が5,000万円以下となった場合に問題となる可能性があります。つまり，その売上げが基準期間の課税売上高となる2年後の課税期間が始まるまでに「消費税簡易課税制度選択不適用届出書」を提出しておかなければ，簡易課税制度によって消費税の納税額を計算しなければならず，設備投資などとタイミングが重なってしまうと還付を受けられなくなってしまうのです。

なお，このようなリスクを軽減・回避する方法の1つを⑧で紹介していますので，ご確認ください。

2 事業ごとに区分をしていない場合は不利になる

2種類以上の事業を行う事業者は，課税売上げの課税区分の判断を事業区分ごとに行う必要があります。たとえば，卸売業と小売業，不動産業を行っている事業者は，どの売上げがどちらの事業からのものかについて，実務上は会計システムで事業の区分を登録することが通常かと思います。

ここで，その区分をしなかった場合には，経営する事業区分の中で最も低いみなし仕入率によって仕入税額控除が計算されます。この例において，小売業だけは区分していて，その他2種類の事業について区分していない場合には，卸売業のみなし仕入率ではなく，不動産業のみなし仕入率ですべてが計算されるため，仕入税額控除の額が減少して，納税額が増えるという結果になります。

したがって，事業区分をしっかりと行いましょう。

10 簡易課税制度による仕入税額控除

事業区分	区分の有無	みなし仕入率
第1種事業	区分していない	40%
第2種事業	区分している	80%
第6種事業	区分していない	40%

最も低い40%

Point

- 消費税の実務に注意深く取り組まなければならない要因の1つは，簡易課税制度です。
- 税賠を避けるためにも，簡易課税制度を選べるケースと選べないケース，本則課税に戻れるケースと戻れないケースを確認しましょう。

これまで紹介してきたように，簡易課税制度は落とし穴が多い制度です。ここでは，より簡易課税制度を理解するために，事業区分の判断や届出書の取下げについて紹介します。

1 事業区分の判断と日本標準産業分類

簡易課税制度で仕入税額控除の額を計算する場合，対象となる事業がどの事業区分となるかの判断が重要です。

たとえば，卸売業は第1種事業，小売業は第2種事業とされていますが，これらに該当するための判断材料の1つに，仕入れた商品を「その性質・形状を変更しないで販売する事業」というものがあります。ここで，少しでも加工したら卸売業や小売業とはならず，製造業に該当するのかということが問題となりますが，次のような軽微な加工については，性質や形状が変更されたことにはなりません。

【性質・形状が変更されたことにならない加工】
① 商品に，商標，ネームなどを貼り付けたり表示したりすること
② 運送のために分解された部品などを組み立てて販売すること
③ 2以上の商品を箱詰めするなど，組み合わせて販売すること

　また，たとえば，第2種事業や第3種事業とされる農業，林業，漁業，あるいは，第3種事業とされる鉱業，建設業，製造業，電気業，ガス業，熱供給業，水道業の判断は，おおむね，総務省が示している日本標準産業分類の大分類によって判断するとされています。

　そのほか，事業区分の判断について，国税庁がフローチャートを示しているため，参考にしてください（次ページ参照）。

2　消費税簡易課税制度選択届出書の期限内取下げ

　翌課税期間が始まるまでに，翌課税期間から簡易課税制度の適用を受けようと「消費税簡易課税制度選択届出書」を提出していたところ，やっぱり翌課税期間は本則課税としたいというケースも時としてあるでしょう。

　この場合，すでに提出してしまった「消費税簡易課税制度選択届出書」の取扱いについて問題となりますが，財務省の資料によると，その課税期間が始まるまでであれば取り下げることができるとされています。

【財務省「インボイス制度の負担軽減措置のよくある質問とその回答」問7】
　簡易課税制度選択届出書は，その届出書の提出可能な期限までは，取り下げが可能であると取り扱われています。……なお，取下書の書式は定められておりませんので，取下対象となる届出書が特定できるよう，提出日，届出書の様式名（表題），提出方法（書面又はe-Tax），届出者の氏名・名称，納税地及び提出した届出書を取り下げる旨の記載をし，署名の上，所轄の税務署までご提出ください。

10 簡易課税制度による仕入税額控除

【事業区分のフローチャート】

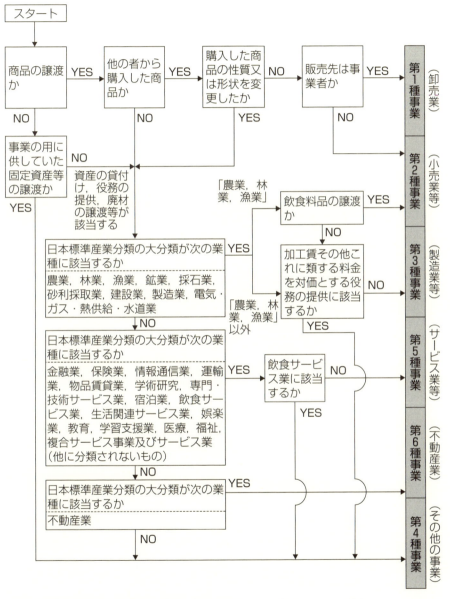

(出典) 国税庁質疑応答事例「簡易課税の事業区分について (フローチャート)」

137

> **Point**
> ・事業区分はその実態や日本標準産業分類によって判断します。
> ・「消費税簡易課税制度選択届出書」は，その届出書が提出できる期間内であれば，取下げが可能です。

Follow-Up

この章では，最もリスクが高く，最も慎重に取り組まなければならない項目の１つである簡易課税制度について紹介しています。簡易課税制度についてさらに勉強したい方は，たとえば次のような論点を勉強すると，理解がさらに深まると思います。

① 「消費税簡易課税制度選択届出書」や「消費税簡易課税制度選択不適用届出書」の提出期限に関する宥恕規定
② ２種類以上の事業を営んでいる場合の簡便法による計算

11

インボイス制度
（適格請求書等保存方式）

　この章では，令和5年10月1日から開始された適格請求書等保存方式について紹介します。

　一般にインボイス制度と呼ばれているもので，本書では，制度のことを「インボイス制度」，保存すべき適格請求書等のことを「インボイス」と呼んでいきます。

　インボイス制度は，⑨で紹介した仕入税額控除について，インボイスを保存しなければ，原則として認められないというものです。このため，課税区分の判断が複雑になり，インボイスの確認が必要となります。

　なお，その保存期間については，⑨*Hop*7と同様です。

【Hop】
- ➤ インボイスの保存がないと仕入税額控除ができない。ただし経過措置もある
- ➤ 所定の記載内容がないとインボイスにならない
- ➤ 端数処理はインボイス1枚で1回のみ
- ➤ 小売業などは簡易インボイスが認められる
- ➤ インボイスの発行には登録が必要

【Step】
- ➤ 令和5年度税制改正・令和6年度税制改正
  - ① 2割特例
  - ② 1万円未満はインボイス不要（一定の事業者）
  - ③ 1万円未満の返還インボイス不要（全事業者）
  - ④ 登録手続きの緩和
- ➤ クライアントへのアドバイス
  - ① インボイス発行事業者となるべきかどうか
  - ② 事務負担

【Jump】
- ➤ 媒介者交付特例
- ➤ 仕入明細書の相手方確認

インボイス制度により，仕入税額控除の要件は，9で紹介した帳簿の保存に加えて，原則としてインボイスを保存することになっています。そこで，会計処理の基礎となる請求書などがインボイスとなるための要件などを紹介します。

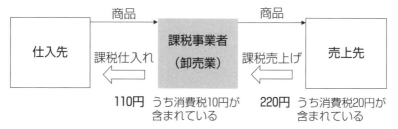

【消費税額の計算】
課税売上げの消費税20円−課税仕入れの消費税10円＝10円を納める

インボイスの保存がないと認められない。これが「インボイス制度」です。

1 インボイスの要件など

(1) インボイスの記載内容

受け取った請求書などがインボイスとなるためには，次のすべての項目が記載されていることが必要で，記載すべき内容が厳格に決まっています。

【インボイスの記載内容】
① 発行をした者の氏名または名称と登録番号
② 取引を行った年月日
③ 取引の内容（その取引が軽減税率の対象である場合には，その旨）
④ 税率ごとに合計した対価の額とその税率
⑤ 税率ごとに区分した消費税額等

⑥ 書類の交付を受ける事業者の氏名または名称

　これらが記載されているものは，請求書や領収書など，どのような名称であってもインボイスとなります。そして，これらが記載されたインボイスは，たとえば次のようになります。

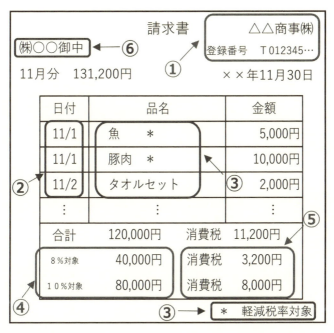

（出典）国税庁「適格請求書等保存方式の概要―インボイス制度の理解のために―（令和5年7月）」5頁

(2) 端数処理

　ここで，税率から消費税額を計算する以上，1円未満の端数が発生することもあるので，端数処理に注意する必要があります。

　インボイス制度では，インボイスの端数処理について，切上げ・切捨て・四捨五入のどの方法でもよいとされています。しかし，インボイス制度が導入されるまでは商品やサービスごとに端数処理をしてもよかったところ，現

在は1枚のインボイスについて税率ごとに端数処理は1回と決められています。

したがって，通常は税率ごとに合計した対価の額から消費税額を計算する際に，端数処理を行います（前ページの図の④と⑤の部分です）。

2　簡易インボイス

このように，インボイスの記載内容は厳格に決まっているため，どれか1つでも欠けてしまったら，それはインボイスになりません。

しかし，この要件の⑥は，スーパーマーケットなどの小売業などにこれを求めると，レジでいちいちお客様の名前を聞くようなことになり，現実的ではありません。そこで，次の事業については，インボイスを簡単にしたもの，つまり簡易インボイス（正式には「適格簡易請求書」といいます）を発行することが認められています。

【簡易インボイスを発行することができる事業】
① 小売業，飲食店業，写真業，旅行業
② タクシー業
③ 不特定多数を対象にする駐車場業
④ そのほか，不特定多数を対象に資産の譲渡等を行う事業

そして，その簡易インボイスの記載内容は次のとおりです。通常のインボイスと比べると，受け取る側の氏名や名称を記載しなくてよくなっているほか，税率ごとに区分した消費税額と適用税率のどちらかを記載すればいいようになっています。

【簡易インボイスの記載内容】
① 発行をした者の氏名または名称と登録番号
② 取引を行った年月日
③ 取引の内容（その取引が軽減税率の対象である場合には，その旨）
④ 税率ごとに合計した対価の額
⑤ 税率ごとに区分した消費税額等または適用税率

11 インボイス制度（適格請求書等保存方式）

【簡易インボイスの記載例（適用税率のみを記載する場合）】

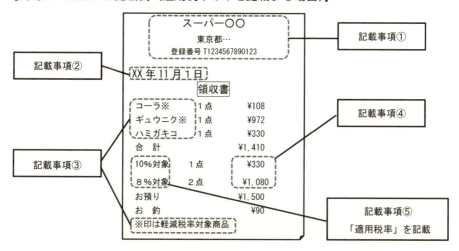

【簡易インボイスの記載例（税率ごとに区分した消費税額等のみを記載する場合）】

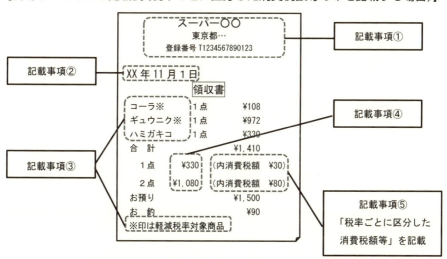

（出典）国税庁「消費税の仕入税額控除制度における適格請求書等保存方式に関するQ&A（令和6年4月改訂）」問58

143

3 インボイスを発行するための登録と義務

(1) 登録手続き

　このインボイスは誰もが自由に発行できるものではなく，発行をしようとする場合には，所轄税務署長に申請をして登録を受ける必要があります。登録を受けると，Ｔ＋13桁の番号が与えられ，これがインボイスの要件の１つである登録番号になります。この13桁の番号は，法人であれば法人番号が使用され，個人事業者であればマイナンバーではない新たな番号となります。

　ここで最も重要な点があります。それは，インボイスを発行するための登録を受けた場合，消費税の課税事業者となるということです。つまり，14で紹介する消費税の納税義務の判断によって免税事業者となる場合であっても，インボイスを発行するための申請をすることで課税事業者となることに注意する必要があります。

　この登録を受けた事業者は，正式名称で「適格請求書発行事業者」と呼ばれます。本書では，これを「インボイス発行事業者」と呼んでいきます。

(2) インボイス発行事業者の義務

　当たり前の話となりますが，インボイス発行事業者の義務は，インボイスを発行することです。その交付を求められた場合，インボイスや簡易インボイスを発行しなければなりません。

　また，7で紹介している売上返還等を行った場合には，次の内容を記載した適格返還請求書（本書では「返還インボイス」と呼んでいきます）を交付しなければなりません。

［11］ インボイス制度（適格請求書等保存方式）

【返還インボイスの記載内容】
① 発行をした者の氏名または名称と登録番号
② 売上返還等を行った年月日とそのもとになった取引の年月日
③ 売上返還等の内容
④ 税率ごとに合計した売上返還等の金額
⑤ 売上返還等の消費税額等または適用税率

　さらに，交付したインボイスの記載内容に誤りがあった場合には，修正したインボイスを再度交付するという義務もあります。

4　電子インボイス

　インボイスは，書面での交付の代わりに，電子データ（電磁的記録）で提供することもできます。このように電子データで提供されるインボイスについて，国税庁は「電子インボイス」と呼んでいます。なお，書面であっても電子であっても，インボイスとして求められる記載内容は同様です。

　このような電子インボイスを交付するための方法として，たとえば，受発注用のオンラインシステムを通じた連絡（これはEDI取引といわれるものです），電子メールによる送信，インターネット上のサイトを通じた提供，USBなどの記録用媒体での提供などがあるとされています。

　また，電子インボイスを保存する場合，一定の要件を満たすことで電子データのまま保存することも可能とされているほか，その電子インボイスを，整然とした形式・明瞭な状態で紙に印刷した書面を保存することで，仕入税額控除を適用するためのインボイスなどの保存要件を満たすことができます。

5　交付義務の免除

　このようにインボイス発行事業者にはいろいろな義務がありますが，一番重要な義務はインボイスを交付する義務です。しかし，世の中にはいろいろな取引があり，その取引の性質が考慮されて，次のような取引についてはインボイスの交付義務が免除されます。

【インボイスの交付義務が免除される取引】
① 公共交通機関(船舶・バス・鉄道)の運賃で取引1回当たり税込3万円未満のもの
② 卸売市場を通じた生鮮食料品などの委託販売
③ 農協などを通じた農林水産物の委託販売
④ 自動販売機や自動サービス機が行う商品販売などで税込3万円未満のもの
⑤ 郵便切手類のみを対価とする郵便サービスでポストに投函されたもの
⑥ 売上返還等の金額が税込1万円未満の場合の返還インボイス

　逆にいえば，これらに当たるためにインボイスの交付を受けなかった課税仕入れについては，インボイスの保存がなくても，帳簿の記載のみで仕入税額控除をすることが可能です。

6　インボイス制度の経過措置

　インボイスの発行ができるのは課税事業者に限られるため，免税事業者からの仕入れなどはインボイスがない課税仕入れとなります。インボイスの保存ができなければ仕入税額控除を行うことができないのですが，それではあまりに酷なため，次のような経過措置があります。

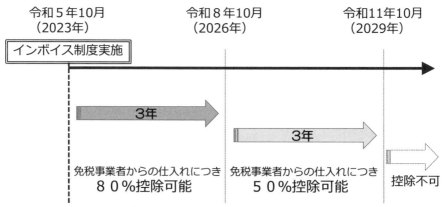

(出典) 国税庁「適格請求書等保存方式の概要―インボイス制度の理解のために―(令和5年7月)」15頁を一部修正

11 インボイス制度（適格請求書等保存方式）

　これにより，免税事業者からの課税仕入れであっても，令和11年9月末までは，その時期によって80％や50％の仕入税額控除がそれぞれ認められます。なお，令和6年度税制改正によって，一の免税事業者からの課税仕入れの額の合計額がその年やその事業年度で10億円を超えた場合，この経過措置を活用できなくなりました。

7　実務上の経理区分

　ここまで紹介してきたように，インボイス制度は複雑ですが，大きく分けると，課税仕入れを次の3つに分けることができます。

【実務上の取引の区分】
①　インボイスを保存することで仕入税額控除が認められるもの
②　インボイスの保存がないために仕入税額控除が本来認められないものの，令和11年9月末までの経過措置によって一定割合の仕入税額控除が認められるもの
③　インボイスの保存がなくても帳簿の記載と保存のみで仕入税額控除が認められるもの

　このうち，①と③は100％の控除が，②は現在であれば80％の控除が可能なものです（令和8年9月末まで）。つまり，実務上は，①と③を100％の仕入税額控除が認められる同じ経理区分としつつ，②について経過措置によって仕入税額控除が認められる経理区分とするという対応となります。

　なお，9で仕入税額控除の方式を紹介していますが，個別対応方式を採用している場合，この課税区分に用途区分が加わります。つまり，課税売上げにのみ要する課税仕入れ，非課税売上げにのみ要する課税仕入れ，共通して要する課税仕入れのいずれに該当するのかという判断をすることになります。

Point

・インボイスの記載内容を把握して，請求書などがインボイスに該当するかどうかの判断を行う必要があります。
・インボイス制度への実務上の対応は，課税仕入れは3つに分けられるところ，システム上の経理区分は2つであることを知りつつ行うことが重要です。

147

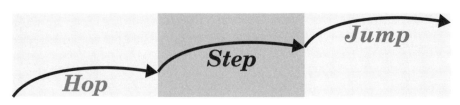

　このように，インボイス制度の影響で，税理士事務所の実務が大きく変わりました。請求書などがインボイスに該当するかどうかの判断に加えて，課税区分がより複雑になって，さらに，消費税の納税義務を負うかどうかの経営的な相談を受けるケースもあるでしょう。ここでは，そのような相談に対応するための材料をいくつか紹介します。

1　令和5年度税制改正と令和6年度税制改正

　インボイス制度導入の直前に，次のような緩和措置が導入されました。

(1)　インボイス発行事業者である小規模事業者の2割負担（2割特例）

　インボイス制度をきっかけにインボイス発行事業者として登録を受けて，免税事業者から課税事業者になった場合，⑨で紹介した仕入税額控除の計算方法について，特別な方法が認められます。課税標準額から売上返還等の額を引いた残高の80%が仕入税額控除の額となり，売上税額の2割を納付するだけでよくなりました。

（出典）国税庁「2割特例（インボイス発行事業者となる小規模事業者に対する負担軽減措置）の概要」

この特例は，令和8年9月30日までの日の属する課税期間に使うことができ，事前に届け出る手続きはありませんが，その対象者には制限があって，「基準期間の課税売上高が1,000万円以下のインボイス発行事業者」などの一定の事業者に限られ，インボイス制度導入とは関係なく課税事業者となる事業者には適用されません。

したがって，基準期間の課税売上高を確認してこの特例が使えるかどうかを判断するとともに，クライアントからインボイス発行事業者となるべきかどうかの相談を受ける際には，この特例を説明する必要があります。

(2) 1万円未満の取引のインボイス不要

次の事業者は，令和11年9月30日までの間に国内で行った課税仕入れについて，その金額が税込1万円未満である場合には，一定の事項を記載した帳簿の保存のみで仕入税額控除が認められ，インボイスの保存が不要となりました。

【適用される事業者】
　次のいずれかの事業者
① 基準期間の課税売上高が1億円以下の事業者
② 特定期間の課税売上高が5,000万円以下の事業者

---

(3) 1万円未満の売上返還等の返還インボイス不要

Hopの5で紹介したように，税込1万円未満の売上返還等をした場合に，返還インボイスの交付が不要となりました。これは，(1)や(2)と異なり，すべての事業者が対象です。

これは，次の図のように，支払手数料を売り手が負担するケースなどに配慮されたもので，適用できる期間に制限はありません。

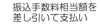

➡ 値引き等が1万円未満である場合、返還インボイスの交付が不要

(出典）国税庁「少額な返還インボイスの交付義務免除の概要」

(4) インボイス発行事業者への登録手続き

インボイス制度導入前は，令和5年3月31日までに申請をしなければ，令和5年10月1日からインボイス発行事業者となることができないなどの制限がありましたが，登録手続きに関して，次のような緩和がなされています。

【登録手続きの改正点】
① 令和5年9月30日までの申請で，令和5年10月1日からインボイス発行事業者となれる。
② 令和5年10月2日以後の申請の場合，提出日から15日以降の登録希望日を記載することで，その希望日から登録を受けることができる。
③ その課税期間開始の日から登録を受けたり，取りやめたりする場合に，その日から15日前までに申請をすればよくなった。

2 クライアントに対するアドバイス

税理士事務所で勤務する方にとって，担当するクライアントから相談を受けるのは，インボイス発行事業者となるべきかどうかという相談や，事務負担に関するものが最も多いと思います。この点に関するアドバイスのための材料を紹介します。

(1) インボイス発行事業者となるべきかどうかの判断

この判断は，事業者にとって，最も重要です。その判断によって，消費税の納税義務者となるかどうかが変わることがあるため，さまざまな要素を総

合的に判断する必要があります。

①　従来から課税事業者の場合

この場合には，事実上，インボイス発行事業者となるという回答の一択だと思います。これまで紹介してきたように事務負担は増大しますが，取引先のためにインボイスを発行すべきで，納税義務について変わりなく課税事業者となるためです。

②　従来から免税事業者の場合

この場合には判断が複雑です。インボイス発行事業者になれば課税事業者となるため，慎重に判断する必要があります。考えるべき要素について，次に紹介します。

【インボイス制度の影響を受けない場合】

(ⅰ)　免税事業者と取引をしている場合（一般消費者を相手とする業種は，買い手の仕入税額控除を考えなくてよいため）

(ⅱ)　簡易課税制度を適用している事業者と取引をしている場合（事業者ではあるものの，仕入税額控除の計算では実際に支払った消費税額を無視するため）

(ⅲ)　非課税資産を対象とした取引をしている場合（買い手の仕入税額控除を考えなくてよいため）

(ⅳ)　公共交通機関や自動販売機など，インボイスの交付が免除される取引をしている場合（インボイスの交付がなくても買い手が仕入税額控除ができるため）

主にこれらの取引を行う事業者であれば，インボイス発行事業者とならなくても，特に影響はないといえます。

これに対して，主な取引先が事業者で，仕入税額控除のためにインボイスの交付を求められることが予想される場合には，取引価格自体を双方納得のうえで再調整できるかどうかという点とともに，インボイス発行事業者となるかどうかの判断を，2割特例などを考慮しながら慎重に行うことになります。

(2) 事務負担に関する相談

　事務負担については，10で紹介した簡易課税制度の適用を検討してみるという方法があります。もちろん，事業規模によって適用できないケースもあるのですが，仮に簡易課税制度を適用できるのであれば，仕入れ先から交付を受けたインボイスの内容確認が不要となるため，事務負担の軽減につながるでしょう。

　しかし，10でも紹介していますが，簡易課税制度にはメリットもデメリットもあります。設備投資などで大きな投資をすることがわかっているのに簡易課税制度を適用してしまった場合，仕入税額控除ができなくなって，納税する消費税額の軽減や還付申告もできなくなってしまうことに注意する必要があります。

　なお，ここで紹介した2割特例は，本則課税と簡易課税のいずれを選択している場合でも，適用を受けることができます。つまり，「消費税簡易課税制度選択届出書」を提出していた事業者であっても，2割特例の要件を満たしているのであれば，その届出を取り下げることなく申告の際に2割特例を選択することができます。

> **Point**
> インボイス発行事業者となるかどうかの相談を受けた場合，事業者の状況やこれまでに紹介した特例などを考慮して慎重に判断することが必要です。

　これまで紹介してきたように，インボイス制度は非常に奥の深いものです。
　令和6年4月8日現在，国税庁が公表している「消費税の仕入税額控除制度における適格請求書等保存方式に関するQ&A」が152問あることからも，

11 インボイス制度（適格請求書等保存方式）

その複雑さがわかります。

ここでは，インボイス制度の理解を深めるために，そのＱ＆Ａの中から代表的な事例を紹介します。

1 媒介者交付特例

媒介者交付特例とは，委託仲介業者などが中間に入る取引において，販売を委託した売り手と委託販売業者がともにインボイス発行事業者である場合に，委託販売業者が，売り手の代わりに，買い手にインボイスを交付できるという制度です。

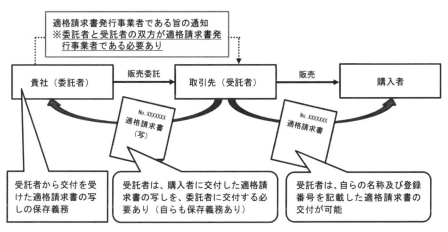

（出典）国税庁「消費税の仕入税額控除制度における適格請求書等保存方式に関するＱ＆Ａ（令和6年4月改訂）」問48

これにより，たとえばECモールで買い物をする場合などで，買い手側の利便性が高まることになります。この媒介者交付特例を適用するためには，次の要件を満たす必要があります。

【媒介者交付特例の要件】
① 上の図でいう委託者と受託者が，ともにインボイス発行事業者であること
② 委託者が受託者に，インボイス発行事業者の登録を受けていることを取引前までに通知すること

2　仕入明細書の相手方確認

　インボイスは，これまで紹介してきたように，インボイス発行事業者が交付することが原則です。ここで，例外として，買い手側が仕入明細書を作成して，本来はインボイスを交付すべき売り手に確認を受けることで，その仕入明細書がインボイスとなるという特例もあります。

　その確認方法は次のとおりです。

【仕入明細書の確認方法】
① 　仕入明細書などの記載内容について，FAXなどの通信回線を使って相手方に送り，確認の通知を受けて，自己のFAXなどから出力する。
② 　仕入明細書などの記載内容について，インターネットやメールなどによって相手方へ送り，相手方から確認の通知などを受ける。
③ 　仕入明細書などの写しを相手方に交付などした後，「送付後○日以内にご連絡がない場合には，記載内容をご確認いただいたものとします」などと定めた基本契約などを締結した場合で，その一定期間を経過する。

Point

　媒介者交付特例や仕入明細書などがインボイスとして認められる特例もあります。

Follow-Up

　この章では，インボイス制度について紹介しています。インボイス制度についてさらに勉強したい方は，たとえば次のような論点を勉強すると，理解がさらに深まると思います。

---

① 　国税庁が公表している「消費税の仕入税額控除制度における適格請求書等保存方式に関するQ&A」の内容
② 　電子インボイスを電子データのまま保存する場合の方法

$$\boxed{12}$$

申告と納付

　この章では，課税事業者が行う必要がある申告や納付について紹介します。

　年に１度の申告や納付ではなく，直前の課税期間の消費税の納税額によっ
て，中間申告や中間納付が必要となる場合があります。これは，事業者の税
負担や，国側の財政収入のバランスを調整するためといわれています。

【Hop】
- ➤ 確定申告
  - ① 個人：12月31日を含む課税期間→翌３月31日まで
  - ② 法人：事業年度終了の日の翌日から２か月以内
  - ③ 還付申告には「消費税の還付申告に関する明細書」
    の添付が必要
- ➤ 中間申告（前課税期間の実績による）
  - ① 年１回
  - ② 年３回
  - ③ 年11回
  - ④ 仮決算も可能

【Step】
- ➤ 申告期限の延長も可能
- ➤ 課税事業者でも確定申告を
  しなくてもよい場合

【Jump】
- ➤ 清算法人の取扱い
- ➤ 相続があった場合
- ➤ 災害などがあった場合

まずは,消費税の確定申告と納付について紹介します。

1 消費税の確定申告と納付

(1) 個人の場合

　課税事業者が個人の場合,課税期間の短縮や変更（⑧で紹介しています）をしていなければ,カレンダーどおりの1月1日から12月31日までの期間を1つの課税期間として,この期間内に行った取引をもとに,消費税額を計算して確定申告と納付をしなければなりません。

　申告期限は,12月31日を含む課税期間である場合,翌年3月31日までとなります。所得税の確定申告期限が3月15日までであることはよく知られていますが,この場合の消費税の確定申告期限は所得税と同じではありません。

　ちなみに,確定申告の期限が土日祝祭日となる場合には,その土日祝祭日が明けた翌日が申告期限となります。

　これに対して,課税期間の短縮などをしている場合,12月31日を含まない課税期間は,その課税期間終了の日の翌日から2か月以内が申告期限となります。申告期限は課税期間によって異なるのです。

(2) 法人の場合

　課税事業者が法人の場合，課税期間の終了の日の翌日から2か月以内に確定申告と納付をしなければなりません。

　ここで，課税期間を短縮していない法人の場合，課税期間と事業年度が同じとなるため，たとえば3月決算法人は，次の図のようなスケジュールとなります。

(3) 消費税確定申告書の作成

　税理士事務所においては，実務上，会計システムに日々の仕訳を入力し，それに1つひとつ課税区分の判断を行っているところがほとんどだと思います。このような日々の取引について正しく課税区分の判断をしていることで，消費税の確定申告書を作成することができるようになります。

　消費税の確定申告書には「付表」と呼ばれる多くの付属書類があります。これらの書類の記載すべき各箇所について，その意味やつながりのすべてを理解するのは税理士でも大変です。しかし，現在はほとんどの会計システムが，入力すべきことを入力すると，自動で各種集計表や確定申告書に加え，その付表まで出力してくれるため，大変便利になっています。

　システムに頼るのであれば，前提となる設定や情報を正しく入力することができているかの確認が必要です。少なくとも，次のような情報が反映されているかどうかは確認しましょう（本書中の関連する章も記載しています）。

① その課税期間が本則課税と簡易課税のどちらであるか（⑨・⑩）
② 中間納付税額は正しく反映されているか（⑫）
③ 基準期間の課税売上高は正しく反映されているか（⑭）
④ 過年度に提出した各種届出書をすべて確認しているか（⑧・⑩・⑫・⑭）
⑤ インボイスや帳簿の保存があるか（⑨・⑪）
⑥ 免税事業者から課税事業者への変更，またはその逆があった場合に，棚卸資産の調整を行っているか（⑨）
⑦ 調整対象固定資産について，課税業務用から非課税業務用への転用，またはその逆があるか（⑨*Follow-Up*）

　そのうえで，システムが集計した課税区分別の集計表や，そこからつながる総勘定元帳などで，課税区分を改めてチェックしましょう。たとえば，明らかに課税仕入れとなるものがない租税公課勘定に，課税仕入れとなるものが含まれている場合には，課税区分の判断が間違っている可能性があります。

(4)　還付申告の場合

　(3)によって消費税額を計算した結果，仕入税額控除が多いことによって還付申告となる場合には，「消費税の還付申告に関する明細書」を添付することについても気をつけておきましょう（中間納付額が確定納付税額よりも多いことで還付となる場合には不要です）。

　ちなみに，還付申告は任意で，義務ではありませんので，申告期限が決まっているものではありません。しかし，その還付申告によって税額が還付されるのは，その課税期間の末日の翌日から5年間となっているため，遅くとも5年以内に還付申告をする必要があります。

　これによって，税理士事務所が責任を追及される可能性もあるので，通常の期限内に還付申告を行うことが最適だといえます。

12 申告と納付

2　消費税の中間申告と納付

(1)　通常の場合

　ここまでが，消費税の確定申告に関する紹介ですが，前課税期間の消費税の年税額によっては，当課税期間でも中間申告と納付をすることが必要となります。この「年税額」とは，消費税のうち，国税部分の金額のみで，地方消費税部分は含みません。そして，回数や期限などは次の表のとおりです。

【中間申告や納付額のサマリー】

前課税期間の 年税額	中間申告の 回数	対象期間	申告期限	納付額
4,800万円超	11回	1か月ごと^(※)	以下のとおり	$\dfrac{年税額}{12}$
400万円超 4,800万円以下	3回	3か月ごと^(※)	その期間の末 日の翌日から 2か月以内	$\dfrac{年税額}{12} \times 3$
48万円超 400万円以下	1回	6か月ごと		$\dfrac{年税額}{12} \times 6$
48万円以下	不要	―	―	―

(※)　課税期間のうち，最後の期間を除きます。

【年11回中間申告をする場合の申告期限】

法　人	その課税期間開始後の最初の1か月：その課税期間開始の日から2か月経過後から2か月以内
	上記1か月以後の10か月：その期間の末日の翌日から2か月以内
個人事業者	1月から3月分：5月末日 4月から11月分：その期間の末日の翌日から2か月以内

　これによって中間申告や納付を行った金額が，1の確定申告において，年税額から控除されます。その結果，確定申告による納税額が減少することに

159

なります。年税額のほうが少ない場合には，中間納付額との差額が還付されることになります。

(2) 中間申告書の提出をしない場合

(1)のように，前課税期間の年税額によっては中間申告を行う義務がありますが，これをしなかった場合，その中間申告書の提出があったものとみなされます。したがって，納付だけでもしておくべきだといえます。

(3) 仮決算をして中間申告をすることもできる

(1)では，前課税期間の年税額によって中間申告をすることを紹介しましたが，逆にいえば，前課税期間の年税額によって，当課税期間の課税売上高などがいくらであっても，中間申告の額が決まります。

ここで，その事業者の財務状況によっては，当課税期間の資金繰りが厳しく，前課税期間を基準とした中間申告の納付が難しい場合もあります。この場合には，当課税期間の状況を反映するための仮決算を行って，結果として前課税期間の年税額を基準とした中間納付額よりも少ない税額で，中間申告を行うこともできます。

(4) 任意の中間申告

前課税期間の年税額が48万円以下の場合は，中間申告や納付を行う必要がありません。しかし，事業者が自主的に任意で中間申告をすることもできます。

この場合，「任意の中間申告書を提出する旨の届出書」を提出することが必要です。中間申告による納付額は，前課税期間の年税額の$\frac{6}{12}$の額とされていますが，仮決算によることも可能です。

また，この任意による中間申告をやめる場合には，「任意の中間申告書を提出することの取りやめ届出書」を提出する必要があります。

12 申告と納付

> **Point**
> ・還付申告は義務ではありませんが，しなければ税理士の責任が問われる場合があります。
> ・中間申告による納付の負担が重たい場合には，仮決算による中間納付を行うことが可能です。

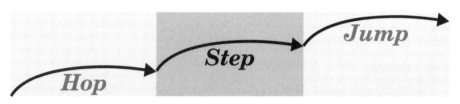

　このように，消費税の確定申告と中間申告にはさまざまな項目が存在します。ここでは，消費税の確定申告について，例外的な取扱いを紹介します。

1　消費税の申告期限の延長

　原則として，法人である事業者の消費税の申告期限は，その課税期間の末日の翌日から2か月以内となっています。これに対して，法人税や地方税の申告においては，申告期限の延長が認められていて，多くの場合には通常の申告期限よりも1か月延長されています。これは，株主総会の招集日程などにより，事業年度末から2か月以内に決算を確定させることが難しいという事情への配慮から設けられたものですが，近年，消費税の申告でもこの申告期限の延長が認められました。

　そのためには，「消費税申告期限延長届出書」を，特例の適用を受けようとする事業年度終了の日の属する課税期間の末日までに提出する必要があります。

　なお，期限の延長が認められるのは申告期限のみで，延長された期間の消費税については利子税がかかります。この利子税は利息に相当する税です。これを避けるためには，法人税などと同じように，本来の申告期限である2か月以内に「見込納付」を行う必要があります。

2 確定申告をしなくてもよい場合

　個人事業者と法人に共通して，消費税の課税事業者であったとしても，その課税期間中に国内で課税資産の譲渡等をしておらず，特定課税仕入れ（①**Follow-Up**など）もない場合には，確定申告をしなくてもよいとされています。

　ただし，この場合でも，これまでに紹介した中間納付に関する還付がある場合などは，還付のための申告を行うことができます。

> **Point**
> ・消費税についても申告期限の延長が認められているため，見込納付を念頭に活用することも一案です。
> ・課税事業者とはいっても，確定申告をしなくていいケースもあります。

　このように，確定申告と中間申告には期限が存在しますので，それを守らなければなりません。ここでは，特殊なケースにおける申告期限の特例について紹介します。

1 清算法人の場合

　法人がその活動を終えて，存在しなくなることを「清算」といいます。その概要は，営業活動を終えて「解散」し，すべての財産を金銭に換えつつ負債を返済し，株主に戻すべき残余財産を確定して分配するという流れとなります。

　ここで，清算する法人であっても，課税事業者である以上は消費税の申告義務があります。その申告期限は，この残余財産の確定した日から1か月以

内が原則です。

例外として，その課税期間の終了の日の翌日から1か月以内に残余財産の分配が行われる場合には，その分配が行われる日の前日までに確定申告をしなければなりません。

2 相続があった場合

事業を営んでいた個人が死亡した場合，その相続人が相続開始を知った日の翌日から4か月以内に申告をする必要があります。これは所得税の準確定申告と同じです。

3 災害などがあった場合

災害などがあった場合，被災した事業者は申告や納付を期限内にできない可能性があります。このような場合には，その理由がやんだ日（被害から回復した日）から2か月以内に限り，期限が延長されるという特例措置があります。その方法には次の3つがあります。

---

① 国税庁長官がその対象地域と期限を指定する方法
② 国税庁長官が対象者の範囲と期限を指定する方法
③ 所轄税務署長に申請する方法（個別の申請が必要）

また，納付に関しては，所轄税務署長に申請することで，最大1年間，その納税が猶予される制度もあります。

> **Point**
> ・特殊な場合には，申告期限が通常と異なります。
> ・災害などがあった場合には，国税庁長官による指定がなされたかどうかを常に確認するとともに，個別の申請を検討する必要もあります。

163

Follow-Up

　この章では，消費税実務の集大成としての，確定申告などについて紹介しています。確定申告などの手続きについてさらに勉強したい方は，たとえば次のような論点を勉強すると，理解がさらに深まると思います。

---

① 消費税の確定申告書や付表にある各欄の意味とつながり

② 更正の請求や修正申告をする場合の取扱い

③ 輸入に関する申告や納付をする場合の取扱い

13

経理処理の取扱い

　この章では，消費税の経理処理について紹介します。

　これまで紹介してきたすべての取引は，事業を営んでいる以上，適切に経理処理をしたうえで確定申告をする必要があります。そのため，経理の方法はとても重要なものといえます。

【Hop】
➤ 税込経理方式と税抜経理方式
　① 日常の仕訳
　② 中間納付の仕訳
　③ 事業年度末の仕訳
➤ 双方にメリットとデメリットがある
➤ 双方の併用も一定の場合に可能

【Step】
➤ 税抜経理方式の場合
　① 資産に係る控除対象外消費税額等
　② 交際費等に係る控除対象外消費税額等

【Jump】
➤ 消費税経理通達の存在
➤ 法人税の所得計算で申告調整をするべき場合がある

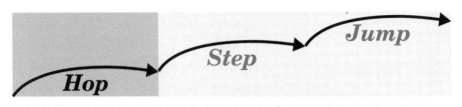

消費税の経理方法は,「税込経理方式」と「税抜経理方式」という2つの方法があります。法人と個人のいずれであっても,どちらの方法を選んでもよいですが,一定の場合を除き,選んだ方式はその事業者が行うすべての取引に適用することが原則です。なお,どちらの方法を選んでも,納付する消費税額等の金額は同じであるため,煩雑さや適用したいほかの税制などを考慮しながら検討する必要があります。

1 税込経理方式

税込経理方式とは,適用される消費税率に応じて,それぞれの消費税等の額を含んだ税込みの金額で経理処理を行う方式です。

(1) 日常の仕訳

5で紹介した標準税率10%が適用される資産を譲渡し,税込1,100万円を受け取った場合を例とすると,次の仕訳となります。
(借)売 掛 金 な ど　　　1,100万円　(貸)売　　上　　高　　　1,100万円
また,この資産を税込55万円で仕入れた場合には,次の仕訳となります。
(借)仕　　　　入　　　　55万円　(貸)買 掛 金 な ど　　　　55万円

(2) 中間納付を行った場合の仕訳

次に,中間納付として5万円を納付した場合の仕訳の一例を紹介します。なお,中間納付については,12で紹介しています。
(借)租 税 公 課　　　　5万円　(貸)現　金　な　ど　　　　5万円

(3) 事業年度末の仕訳

最後に，確定申告納付額として90万円を納付することになった場合の仕訳の一例を紹介します。

原則　　　　　　　　　　　　仕訳なし

例外　（借）租　税　公　課　　90万円　（貸）未払消費税等　　　90万円

ここで，原則として「仕訳なし」としているのには理由があります。国税庁が公表している「消費税法等の施行に伴う法人税の取扱いについて」（本書では「消費税経理通達」と呼んでいきます。詳しくは*Jump*で紹介します）では，税込経理方式の場合，その申告書が提出された日の属する事業年度（法人）に仕訳を行うことが原則であることが記載されているため，これに従えば仕訳を行うのは次の事業年度となるからです。

なお，消費税経理通達では，未払金や未収入金（還付の場合）として計上した場合には，その確定申告の期間内に計上することができるという例外的な取扱いも示されています。実務上はこちらの処理をすることが多いように思います。

2　税抜経理方式

税込経理方式に対して，消費税額などを含まず，消費税相当額部分を別建てで処理するのが税抜経理方式です。

(1) 日常の仕訳

先ほどの例であれば，次の仕訳となります。

（借）売 掛 金 な ど　　1,100万円　（貸）売　　上　　高　　1,000万円
　　　　　　　　　　　　　　　　　　　　　仮受消費税等　　　　100万円

また，この資産を税込55万円で仕入れた場合には，次の仕訳となります。

（借）仕　　　　　入　　　50万円　（貸）買 掛 金 な ど　　　55万円
　　　仮払消費税等　　　　　5万円

167

(2) 中間納付を行った場合の仕訳

次に，中間納付として5万円を納付した場合の仕訳の一例を紹介します。

（借）仮払税金など　　　　　5万円　（貸）現　金　な　ど　　　　　5万円

(3) 事業年度末の仕訳

最後に，確定申告書を作成して，90万円を納付することになった場合の仕訳の一例を紹介します。ここでは，中間納付を1回と仮定します。

（借）仮受消費税等　　　　100万円　（貸）仮払消費税等　　　　　5万円

　　　　　　　　　　　　　　　　　　　　仮払税金など　　　　　5万円

　　　　　　　　　　　　　　　　　　　　未払消費税等　　　　　90万円

ここで，税抜経理方式を採用した場合，すべての課税仕入れと課税売上げに係る消費税額について，仮払勘定によって区分して経理したうえで，決算期末に精算するという流れとなります。つまり，この時点で消費税の確定申告書を作成して未払消費税等を把握することになります。

また，12では，消費税の中間納付が最大で11回となることを紹介していますが，この11回目の納付期限は，その事業年度末を過ぎた後に到来します。たとえば，3月決算法人の場合，事業年度末を過ぎた翌4月末に11回目の納付期限を迎え，その後に確定申告納付期限である5月末を迎えます。したがって，未払消費税等は，11回目の中間納付の額と，確定申告納付額の合計額となります。上の仕訳では中間納付を1回と仮定していましたが，同額で11回目の中間納付が必要な場合の期末仕訳は次のようになります。

（借）仮受消費税等　　　　100万円　（貸）仮払消費税等　　　　　5万円

　　　　　　　　　　　　　　　　　　　　仮払税金など　　　　　50万円

　　　　　　　　　　　　　　　　　　　　　　　　　　　　（10回分）

　　　　　　　　　　　　　　　　　　　　未払消費税等　　　　　45万円

　　　　　　　　　　　　　　　　　　　（※11回目＋確定納付分）

13 経理処理の取扱い

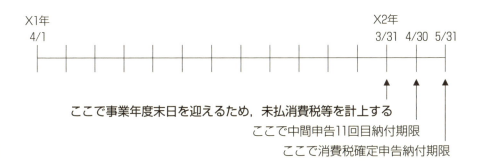

3 それぞれのメリットとデメリット

この二択に関して，それぞれに次の表のようなメリットとデメリットがあります。

	メリット	デメリット
税込経理方式	処理が簡便的	損益状況に消費税相当額が反映されてしまう
税抜経理方式	① 適正な損益状況を計算することができる ② 少額減価償却資産の特例などの一定額以下の資産を対象とする判定が，消費税等の分を除外して判定できる	処理が煩雑

4 2つの方法が併用できる場合

税込経理方式と税抜経理方式は原則として併用ができませんが，次のような場合には併用することが可能です。

(1) 個人事業者の場合

事業所得・不動産所得・山林所得・雑所得のうち，2種類以上の所得に関する業務を行っている場合には，その所得の種類ごとに税込経理方式と税抜経理方式のどちらかを選択適用することができます。

(2) 法人の場合

①棚卸資産の取得，②固定資産・繰延資産の取得と，③販売費・一般管理費の経費などの支出について，グループごとにそれぞれの方式を併用することが可能です。

> **Point**
> - どちらの方法を選んでも，税額は変わりません。
> - 原則として，選択したどちらかの方法によって，すべての取引を経理しますが，一定の場合にのみ併用ができます。
> - 税抜経理方式を採用する事業者が11回の中間納付を行う場合，貸借対照表に計上される未払消費税等は，消費税確定申告書の納付額と一致しません。

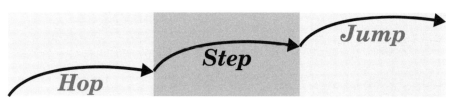

基本的な経理処理は**Hop**のとおりで，税抜経理方式を選んだ場合，仮払消費税等の額と仮受消費税等の額を相殺することで消費税の納税額を計算することができます。しかし，⑨で紹介したように，仕入税額控除には制限があるため，会計仕訳で計算した額と，実際に計算した納付すべき税額は一致しません。

このような場合には，仕入税額控除ができない仮払消費税等の額が発生していることになり，これを「控除対象外消費税額等」といいます。この控除対象外消費税額等は，法人税や所得税の計算で，特殊な調整が必要となります。

この控除対象外消費税額等の計算は，たとえば一括比例配分方式を採用していた場合，実務的には，まず消費税の申告書作成の際に資産の取得に要したものとして仮払消費税等を集計します。そのうえで，

控除対象外消費税額等＝その勘定科目の仮払消費税等×（1－課税売上割合）

という計算で算出します。これらの計算は、仕入税額控除の計算方式を参考にするため、詳細は⑨を確認してください。

なお、税込経理方式を選択した場合、特殊な処理は必要ありません。

1 資産に係る控除対象外消費税額等

資産に係る控除対象外消費税額等とは、資産の取得のための仮払消費税等のうち、仕入税額控除ができなかった部分となります。

この仕入税額控除ができなかった部分が資産の取得に関するものである場合、法人税の所得計算において、3つの特殊な調整があります。

まず1つ目は、その資産の取得価額に含める方法です。この場合、通常の減価償却計算によって、損金の額となります。

2つ目は、損金経理（会計上、費用として計上すること）することで損金の額に含めつつ、別表16(10)を添付する方法です。この場合には、次ページの表の所定の要件を満たすことが必要となります。

3つ目は、繰延消費税額等として資産計上して、60か月均等で損金の額に算入していく方法です。

2 交際費等に係る控除対象外消費税額等

交際費等に係る控除対象外消費税額等とは、交際費の支出のための仮払消費税等のうち、仕入税額控除ができなかった部分となります。実務的な算定方法は1と同じです。

交際費等に係る控除対象外消費税額等は、法人であっても個人事業者であっても、損金の額や必要経費に算入されます。ただし、法人の場合は、「交際費等」として、損金不算入の計算の対象となり、別表15への反映も必要です。

3 それ以外の控除対象外消費税額等

その全額が損金の額や必要経費に算入されます。

以上の1から3をまとめると、次の表のようになります。

	発生要因	方　法	備　考
控除対象外消費税額等	資　産	①取得価額に含める	―
		②損金の額や必要経費に算入する。ただし，次のどれか１つ以上に該当する場合 ・課税売上割合が80％以上 ・棚卸資産に係るもの ・20万円未満であること	法人は損金経理と別表16⑽の作成が必要
		③繰延消費税額等として，60か月均等で損金の額や必要経費に算入する	法人は別表16⑽の作成が必要。取得した事業年度や年であれば，この$\frac{1}{2}$となる
	交際費	損金の額や必要経費に算入する。交際費等の損金不算入の規定の対象となる	別表15への反映が必要
	それ以外	損金の額や必要経費に算入する	―

> **Point**
> - 控除対象外消費税額等で特殊な調整が必要なのは，税抜経理方式の場合のみです。
> - 資産に係る控除対象外消費税額等について，損金の額や必要経費に算入できる場合は限定され，多くの場合が60か月で損金の額や必要経費に算入するか，取得価額に含めてその耐用年数で償却するかの二択になります。

　実務上は，*Step*までを理解すれば十分かと思います。もう少し理解を深めようとする場合には，消費税経理通達を学ぶべきだといえます。たとえば，*Hop*で「仮受消費税等」や「仮払消費税等」として紹介してきた勘定科目についてその定義が定められていたり，法人税の所得を計算する際に調整が必要な場合などが示されていたりします。ここでは，その概要を紹介します。

1 仮受消費税等の額と仮払消費税等の額の定義

消費税経理通達で示されているそれぞれの定義は，以下のとおりです。

> 「**仮受消費税等の額**」：課税期間中に行った課税資産の譲渡等につき課されるべき消費税の額およびその消費税の額を課税標準として課されるべき地方消費税の額に相当する金額をいう。
> 「**仮払消費税等の額**」：課税期間中に行った課税仕入れ等に係る消費税額等を取引の対価の額と区分経理した場合における消費税額等をいう。

2 法人税の所得計算で申告調整が必要な場合

また，消費税経理通達では，法人税の所得を計算する際に，申告調整が必要な場合も示されています。これは，インボイス制度が導入されたことによって，免税事業者などからの課税仕入れにおける仕入税額控除が，原則として認められなくなったことが要因です。その内容を1つだけ紹介します。

> 【問】税抜経理方式を採る当社（9月決算）は，令和11年10月1日に免税事業者から店舗用建物を購入し，その対価として1,100万円を支払い，支払対価の$\frac{10}{110}$相当額を仮払消費税等の額として経理したうえで，決算時に雑損失に計上しました。この場合の法人税の取扱いはどうなりますか。なお，建物の減価償却費は，耐用年数20年の定額法で計算した結果，50万円を損金経理しています。
> 【答】以下のような申告調整を行います。

• 別表四 所得の金額の計算に関する明細書

区 分		総 額	処 分	
			留 保	社外流出
加算	減価償却の償却超過額	950,000円	950,000円	

• 別表五㈠ 利益積立金額及び資本金等の額の計算に関する明細書

I 利益積立金額の計算に関する明細書				
区　　分	期　首　現　在 利益積立金額	当期の増減		差引翌期首現在 利益積立金額
		減	増	
建物減価償却超過額			950,000円	950,000円

　なお，減価償却の償却超過額は，既計上額50万円＋雑損失100万円－減価償却
限度額1,100万円×0.05にて算定しています。

　このケースは，会計上雑損失に計上している100万円につき，税務上は建
物の取得価額に算入しなければならないために申告調整を要するケースです。
　この場合において，その雑損失は「償却費として損金経理した金額」とさ
れるため，結果として減価償却超過額が発生します。そのため，上記の申告
調整を行うことで，時間が経つにつれて会計上と税務上の差異が解消されて
いくことになります。また，経過措置が適用される期間においては，80％や
50％の仕入税額控除が可能であるため，仕入税額控除を行う額は取得価額に
含めずに減価償却超過額を計算することとなります。

> **Point**
>
> 　免税事業者からの課税仕入れをした場合，仕入税額控除ができない部分につ
> いては，法人税の所得計算において申告調整が必要な場合があります。

Follow-Up

　この章では，消費税の経理処理の概要を紹介しています。消費税の経理処
理についてさらに勉強したい方は，たとえば次のような論点を勉強すると，
理解がさらに深まると思います。

①　消費税経理通達のより詳細な内容
②　特にインボイスに関して2割特例を使用する場合の処理（令和5年12月27日
　の消費税経理通達の改正）
③　控除対象外消費税額等と，インボイス制度の経過措置との関係

14

納税義務の判定

　この章では，その事業者が消費税の申告や納税の義務がある「課税事業者」となるのか，それとも申告や納税の義務のない「免税事業者」となるのかという判断方法について紹介します。本書では，これを「納税義務の判定」と呼んでいきます。

　消費税の納税義務の判定については何度も改正されてきて，今ではとても複雑なものになっています。そのため，事業者にとっては，自らが消費税を納める義務があるのか，それともないのかという判断ができず，とても重要な問題となることもあります。税理士事務所が質問を受けることも多くありますので，正確に理解していきましょう。

　なお，[11]で紹介したインボイス発行事業者として登録を受けている場合には，これから紹介するさまざまな制度や取扱いに関係なく，登録を受けた時点で課税事業者となります。

【Hop】	【Step】	【Jump】
➤ インボイス発行事業者は必ず課税事業者 ➤ 事業者免税点制度 ➤ 課税事業者の選択(※) ➤ 特定期間の納税義務の判定	➤ 相続・合併・分割があった場合 ➤ 基準期間がない場合(※)	➤ 一定の大規模事業者に支配される場合(※) ➤ 高額特定資産の課税仕入れ等をした場合 (※) 調整対象固定資産に関する制限あり

　まずは，消費税の納税義務の判定の全体像を紹介していきます。

　ここでは納税義務の判定をテーマとしていますが，原則として，国内の事業者が課税資産の譲渡等を行った場合には，消費税の納税義務が生まれます（逆にいえば，課税資産の譲渡等をしていない場合には，確定申告をしなくてもよいということは，12で紹介したとおりです）。

　そのため，その課税期間中に課税資産の譲渡等を行ったすべての事業者が消費税の課税事業者となるべきところですが，事務負担の配慮などから，次の特例が設けられています。

　なお，11のインボイス制度や前ページで紹介したとおり，インボイス発行事業者となれば，その時点で消費税の納税義務が生じるため，この章の内容を確認するまでもなく課税事業者となります。

1　事業者免税点制度

(1)　事業者免税点制度の概要

　小規模な事業者にとって，消費税の課税事業者としてその課税期間の納税額を計算するのはとても大きな負担となります。そこで，「事業者免税点制度」や「小規模事業者の納税義務の免除の特例」と呼ばれるしくみがあります。

　具体的には，その課税期間の基̇準̇期間における課税売上高が1,000万円以下であれば，その課税期間については消費税を課さない，つまり免税事業者となるというものです。

　事業の規模を判定する話であるため，本来はその課税期間の課税売上高を使用して判定するべきですが，その課税期間の決算を行わないと課税売上高

がわからないため，基準期間の課税売上高を使うことになっています。

(2) 基準期間とは

① 基準期間の判断

ここで，基準期間について紹介します。基準期間とは，次の期間のことです。

(i) 個人事業者：その年の前々年
(ii) 法人：その事業年度の前々事業年度

なお，法人を設立した事業年度だけ事業年度が短く，数か月間しかない場合など，前々事業年度が1年未満である法人の場合，その判定する事業年度の開始の日の2年前の日の前日から，その日以後1年を経過する日までの間に開始した各事業年度を合わせた期間が基準期間となります。たとえば，次の図のとおりです。

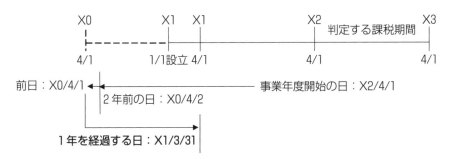

この図では，X1年1月1日に3月決算法人として設立した法人を例としています。3月決算法人のため，設立初年度は3か月の事業年度で，その後

は1年間の事業年度です。今回は，X3年3月期の消費税の納税義務を判定します。

　判定する事業年度の開始の日はX2年4月1日です。そこから2年前の日の前日は，X0年4月1日となります。X0年4月1日から1年を経過する日はX1年3月31日までとなりますので，この1年間に開始する事業年度はX1年3月期のみです。したがって，X1年3月期の3か月間が基準期間となります。

② 基準期間の課税売上高の算定

　基準期間がわかれば，その課税売上高を算定する必要があります。個人事業者や基準期間が1年間である法人については，その基準期間中に国内で行った課税資産の譲渡等の額（通常の課税売上高と輸出免税売上高の合計額）から，売上返還等の金額を控除した残高の税抜きの額となります。

基準期間の 課税資産の譲渡等の 税抜対価	基準期間の課税売上高
	売上返還等（税抜）

　なお，⑨では，課税売上割合の計算に使う課税売上高（税抜）には非課税資産を輸出した場合の輸出免税売上げも含まれると紹介しましたが，基準期間の課税売上高には，このような注意点はありません。

　また，基準期間が1年ではない法人については，課税売上高について，次のような年換算が必要です。先ほどの例で，基準期間の課税売上高が税抜300万円だったとしましょう。

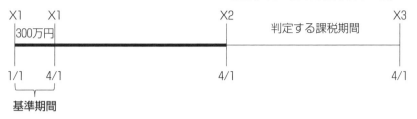

この場合,基準期間はX1年の1月から3月までの3か月間であるため,年換算の結果,

$$300万円 \times \frac{12か月}{3か月} = 1,200万円$$

となり,基準期間の課税売上高が1,000万円超となりますので,X3年3月期は消費税の課税事業者となるということになります。

> **Point**
> - 事業者免税点制度は,基準期間の判定と年換算が重要です。
> - 事業者免税点制度によって基準期間の課税売上高が1,000万円以下となったとしても,これから紹介するほかの制度によって課税事業者となる場合もあります。

2 事業者が課税事業者となることを選んだ場合

(1) 消費税の課税事業者の選択の概要

　事業者免税点制度によって,基準期間の課税売上高が1,000万円以下となれば,免税事業者となります。ここで本来は,9で紹介した仕入税額控除が年税額を上回れば,消費税が還付されるという確定申告,つまり還付申告が可能となります。しかし,還付申告ができるのは,消費税の課税事業者に限られています。そのため,大きな設備投資をするなどの理由で還付申告を受けるために,事業者が自ら課税事業者を選択することができます。

具体的な手続きとしては、「消費税課税事業者選択届出書」を、適用を受けようとする課税期間が始まるまでに提出することが必要です。

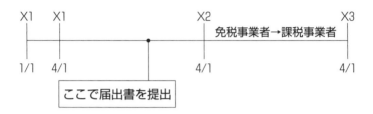

(2) 消費税課税事業者選択届出書の提出期限

このように、「消費税課税事業者選択届出書」の提出期限は、翌課税期間が始まるまでです。しかし、たとえば法人設立1期目は、前課税期間がないために、課税事業者となりたい課税期間が始まるまでに、届出書を提出することができません。

そこで、次のような場合には、「消費税課税事業者選択届出書」を提出した課税期間から、課税事業者となることができるようになっています。

【届出書を提出した課税期間から課税事業者となる場合】
① 事業を開始した課税期間
② 相続によって課税事業者を選択していた被相続人の事業を承継した課税期間
③ 合併や分割によって課税事業者を選択していた被合併法人や分割法人の事業を承継した課税期間

(3) 課税事業者の選択をやめる場合

これに対して、基準期間の課税売上高が1,000万円以下となるために本来は免税事業者となるところ、課税事業者を自ら選択していた場合において、事情が変わったために免税事業者に戻りたいという場合もあるでしょう。

このような場合には、事業者が自ら課税事業者の選択をやめることもできるようになっています。

具体的な手続きとしては,「消費税課税事業者選択不適用届出書」を,課税事業者となることをやめたい課税期間が始まるまでに提出することが必要です。この提出があった場合には,翌課税期間から免税事業者となります。

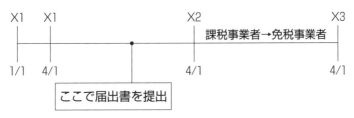

ただし,この章で紹介しているほかの制度によって課税事業者となる場合には,免税事業者に戻れませんし,自ら課税事業者となることを選択するという手続きには,次のような制限もあります。

【課税事業者は2年間継続適用しなければならない】
　課税事業者になることを自ら選択した事業者は,2年間は課税事業者であり続ける必要があります。課税事業者となってから2年を経過する日の属する課税期間の初日以後でなければ,「消費税課税事業者選択不適用届出書」を提出することができません。
　この制限は,あくまで課税事業者が免税事業者となる場合で,免税事業者に戻った後に再び課税事業者となろうとするときには継続適用の制限はありません。

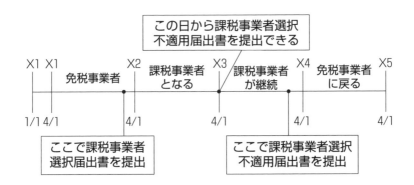

この図では,課税事業者を選択してX3年3月期から課税事業者となって

います。このように，事業者が自ら課税事業者を選択している以上，すぐにもとに戻せてしまうのであれば，実務が複雑になり，課税のバランスも崩れてしまう可能性があるため，「2年間は課税事業者でありなさい」という意味でこの制限があります。

ここでは，「消費税課税事業者選択不適用届出書」を提出することができるのが，X3年4月1日からとなっていて，提出をした翌課税期間である，X4年4月1日から免税事業者に戻ることができるようになります。

【調整対象固定資産の課税仕入れ等がある場合】
　課税事業者を自ら選択した課税期間の初日から2年以内の課税期間中に，調整対象固定資産の課税仕入れ等を行っている場合には，その課税期間から3年の間，免税事業者に戻れないという制限もあります。

なお，「調整対象固定資産」の内容については，⑨**Step** 3 で紹介していますので，確認してみてください。

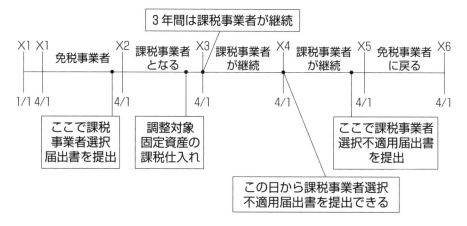

この図でも，課税事業者を選択してX3年3月期から課税事業者となっています。先ほどと違うのは，その事業年度に調整対象固定資産を取得している点です。つまり，この事業年度では仕入税額控除が大きくなったことによる還付などを受けているはずです。

調整対象固定資産の課税仕入れ等をした場合には，3年間は課税事業者の

選択をやめることができませんので，「消費税課税事業者選択不適用届出書」を提出できるのはX4年4月1日からで，提出をした翌課税期間である，X5年4月1日から免税事業者に戻ることができるようになります。

この調整対象固定資産の制限は，高額の還付を受けた後に，すぐに免税事業者に戻ってしまったら問題であるという考え方によるもので，「少なくとも3年間は課税事業者でありなさい」という意味です。

(4)　やむを得ない事情で届出書を提出できなかった場合

課税事業者を選択したり，その選択をやめたりする場合には，それぞれの届出書を，適用を受けたい課税期間が始まるまでに提出することが原則です。

しかし，被災したなどの理由で，どうしても届出書を期限までに提出できない場合もあるでしょう。そのような場合には，所轄税務署長の承認を受けることで，適用を受けようとする課税期間が始まる前に提出があったものとされるという制度があります。

具体的な手続きとしては，提出できない事情がやんだ日（被害から回復した日）から2か月以内に，「消費税課税事業者選択届出書」や「消費税課税事業者選択不適用届出書」を添えて，「消費税課税事業者選択（不適用）届出に係る特例承認申請書」を，所轄税務署長に提出することが必要です。

この場合において，提出できない事情として認められるのは，次のような場合です。

【提出できないやむを得ない事情の具体例】

① 震災，風水害，雪害，凍害，落雷，雪崩，がけ崩れ，地滑り，火山の噴火などの天災や火災，そのほかの人的災害で事業者の責任によらないもの

② これらの災害に準ずるような状況など

③ その課税期間の末日前おおむね1か月以内に相続があったことにより，事業を承継した相続人が新たに「消費税課税事業者選択届出書」などを提出できる個人事業者となった場合

④ これらに準ずる事情で，税務署長がやむを得ないと認めた場合

183

> **Point**
> - 課税事業者となることを自ら選択した場合には，課税事業者を2年間，または3年間継続しなければならず，調整対象固定資産の課税仕入れ等をしたかどうかで異なります。
> - 課税事業者となることを選択する場合，「消費税課税事業者選択届出書」の提出期限には特に気をつけましょう。

3　特定期間の課税売上高や給与などの額が1,000万円を超えた場合

　これまでに紹介した判定だと，多くの場合には，開業や設立してから最低でも2年間は免税事業者となることができます。しかし，この間に消費税を課税すべき規模まで成長する事業者もいる中で，すべての事業者を一律で免税事業者とするようなことには問題があります。

　そこで，1で紹介した事業者免税点制度に追加される形で，特定期間の課税売上高や，その間に支給した給与などの金額が1,000万円を超えた場合には，基準期間の課税売上高が1,000万円以下であったとしても，その課税期間は課税事業者になるという制度ができました。

　特定期間とは，その課税期間の前課税期間の開始日から6か月の期間です。つまり，上半期と覚えてください。

① 個人事業者：その年の前年1月1日から6月30日まで
② 法人：その事業年度の前事業年度開始の日以後6か月の期間

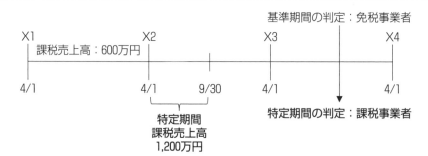

この図では，基準期間の課税売上高が600万円であるため，事業者免税点制度によるとX4年3月期は免税事業者となるはずですが，特定期間の課税売上高が1,200万円であるため，X4年3月期はこちらの判定で課税事業者となります。

なお，基準期間が12か月ではない場合には年換算が必要でしたが，特定期間の場合，あくまで6か月間で判断するため，年換算することはありません。

この特定期間の判定は，課税売上高か，給与などの支給額を使用します。ここで，「給与など」について紹介します。

【特定期間の判定に使用する「給与など」】
給与などには，所得税の課税対象となるものが該当します。
つまり，給与や賞与などが該当するのに対して，所得税が非課税となる通勤手当や旅費などは該当しません。
また，特定期間中に「支払った」給与などがその対象となるため，会計上で未払金としたものは含まれないことに注意が必要です。

特定期間の判定では，課税売上高か給与などの金額のどちらかが1,000万円を超えたときに，この判定で課税事業者となります。

そうすると，課税売上高は1,000万円を超えても，給与などが1,000万円を超えない場合には，課税売上高で判定すれば課税事業者になるものの，給与などで判定すれば免税事業者となるということになります。

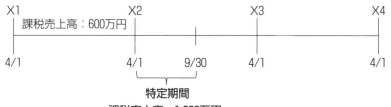

このような場合に備え，特定期間の判定の制度では，事業者がどちらかを選んで判定してよいというしくみになっています。このため，特定期間の判

定で課税事業者となる場合には，「消費税課税事業者届出書（特定期間用）」を提出して，課税事業者になると判断することになります。

【「以上」と「超」，「以下」と「未満」】
　これまで紹介してきたように，消費税の納税義務の判定には課税売上高などの金額を使いますが，そこには，「以下」と「超」がたくさん出てきます。また，これらとあわせて知っておくべきは「以上」と「未満」です。これは，
- 「以上」と「以下」がその数値を含む
- 「超」と「未満」がその数値を含まない

と覚えましょう。たとえば，事業者免税点制度は「1,000万円以下」であるため，基準期間の課税売上高が1,000万円ちょうどであれば，「1,000万円以下」に含まれます。
　これに対して，特定期間の課税売上高は「1,000万円を超える（1,000万円超）」なので，1,000万円ちょうどは超えていないことになります。

Point
- 特定期間の判定では，課税売上高と給与などの金額について，事業者がどちらかを選ぶことができます。
- 課税事業者となる場合には，「消費税課税事業者届出書（特定期間用）」を提出する必要があります。

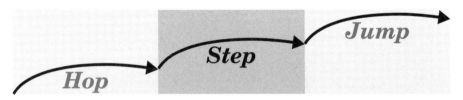

　これまで紹介してきたのが，税理士事務所の実務上，頻繁に出てくると思われる納税義務の判定の考え方です。ここではもう少し掘り下げて，納税義務の判定に関するほかの制度について紹介していきます。

1 個人事業者が相続によって事業を承継した場合

　事業を営んでいる個人事業者が，相続があったことによってさらに事業を承継した場合，その個人事業者の事業の規模は大きくなることになります。しかし，これまでは事業者免税点制度などによって免税事業者であった個人事業者の事業が相続によって拡大すると，小規模な事業者の事務負担などに配慮した事業者免税点制度にそぐわなくなる可能性があります。

　そこで，相続によって事業を承継した場合には，特別な納税義務の判定が用意されています。

　その内容は，被相続人の基準期間の課税売上高が，相続によって事業を承継した相続人の納税義務の判定に影響するというものです。いつ相続があったのかによって考え方が異なるため，これから具体的にみていきます。

(1) 相続があった年の納税義務の判定

　相続があり，その被相続人の事業を承継した年の納税義務の判定については，相続によって事業を承継した日を区切りとして，被相続人の基準期間の課税売上高と，事業を承継した相続人の基準期間の課税売上高によって，別々に納税義務を判定します。たとえば次の図のとおりです。

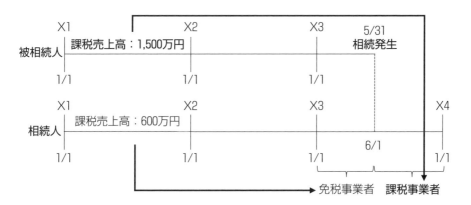

この図は，X3年5月31日に事業を営んでいた事業者に相続が発生して，その相続人が，自分の事業に加えて被相続人の事業を承継したケースです。この場合，相続人の事業の基準期間の課税売上高は600万円で，もし相続がなければ，事業者免税点制度によって，X3年分は免税事業者となっていたはずです。

そのような事情の中で，5月31日に相続が発生したため，相続人は，被相続人の事業を6月1日に承継したことになりますが，この場合，事業を承継した後の相続人の納税義務の判定は，被相続人の基準期間の課税売上高が1,000万円以下であるかどうかで，事業者免税点制度に当てはまるかどうかを判断します。

この図の例であれば，相続人が事業を承継するまでの1月1日から5月31日までは免税事業者となりますが，6月1日から12月31日までは，被相続人の事業における基準期間の課税売上高が1,000万円を超えているため，課税事業者となります。

(2)　相続があった年の翌年の納税義務の判定

これに対して，相続があり，事業を承継した年の翌年の納税義務の判定について紹介します。(1)では，相続人と被相続人のそれぞれの基準期間の課税売上高を判断材料として，期間を区切って判定していましたが，相続があった年の翌年以降は，合算して判断することになります。たとえば次の図のとおりです。

14 納税義務の判定

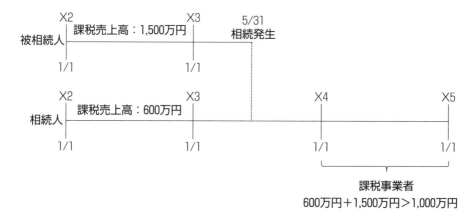

　この図は、先ほどと同様に、X3年5月31日に事業を営んでいた事業者に相続が発生して、その相続人が、自分の事業に加えて被相続人の事業を承継したケースです。この場合、相続人の事業の基準期間の課税売上高は600万円で、もし相続がなければ、事業者免税点制度によって、X4年分も免税事業者となっていたはずです。

　ここで、(1)の相続があった年の納税義務の判定と異なるのは、相続人の基準期間の課税売上高だけで事業者免税点制度に当てはまるかどうかを判定した後、相続人と被相続人の基準期間の課税売上高の合計額で、再び事業者免税点制度に当てはまるかどうかを判定することです。

　つまり、この図の例であれば、相続人と被相続人の基準期間の課税売上高を合計すると2,100万円となるため、相続人は、この年は課税事業者となります。

(3) 相続があった年の翌々年の納税義務の判定

　続いて、相続があった年の翌々年の納税義務の判定について紹介します。この場合、相続があった年の翌々年は、相続があった年自体が基準期間となります。たとえば次の図のとおりです。

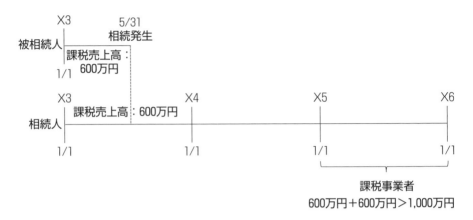

　この場合も、(2)と同様に、相続人の基準期間の課税売上高が1,000万円以下であったとしても、相続人と被相続人の基準期間の課税売上高を合計した金額で、事業者免税点制度に当てはまるかどうかを判定します。

　つまり、この図の例であれば、相続人と被相続人の基準期間の課税売上高の合計額が1,200万円となるため、相続人は、X5年分において課税事業者となります。

　なお、相続があった年から3年目以降は、基準期間自体が2年前となることから、納税義務の判定において被相続人の基準期間の課税売上高について考える必要はありません。

(4) 被相続人が消費税課税事業者選択届出書を提出していた場合

　ちなみに、被相続人が「消費税課税事業者選択届出書」を提出していた場合でも、その届出書の効果は被相続人だけのもので、相続人には影響しません。

　したがって、もし相続人が相続が発生した年に課税事業者を自ら選択したい場合には、改めて相続人が「消費税課税事業者選択届出書」を所轄税務署長に提出しなければなりません。この場合は、**Hop** 2で紹介したように、「消費税課税事業者選択届出書」を提出した課税期間から、課税事業者となることができるようになっています。

14 納税義務の判定

> **Point**
> ・個人事業者が相続によって事業を承継した場合には，納税義務の判定において，被相続人の基準期間の課税売上高が影響します。
> ・相続があった年は別個に判定，その翌年と翌々年は合算して判定されます。

2 法人が合併した場合

1の個人事業者の相続の場合と同じように，法人が合併した場合にも事業の規模が大きくなるため，事業者免税点制度にそぐわなくなる可能性があります。まず，合併についてここで知っておくべきことは，次のとおりです。

【合併とは】
法人の合併とは，2つ以上の法人同士が1つの法人になることをいいます。
合併によって消滅する法人と，合併によってその消滅する法人の権利や義務を引き継ぐ法人があります。合併によって消滅する法人を「被合併法人」といい，合併によって権利や義務を引き継ぐ法人を「合併法人」といいます。

このため，合併があった場合には，個人事業者に相続があった場合と同じように，特別な納税義務の判定が用意されています。その内容は，1の相続の場合と似ていますが，法人の事業年度は自由に決めることができるため，合併法人と被合併法人の基準期間の対応関係の確認をする必要があります。それを具体的にみていきましょう。ここでは吸収合併を例に紹介します。

(1) 合併をした事業年度の納税義務の判定

合併をしたことにより，被合併法人の事業を承継した事業年度の納税義務の判定については，合併によって事業を承継した日を区切りとして，被合併法人の基準期間の課税売上高と，合併法人の基準期間の課税売上高によって，別々に納税義務を判定します。この点は相続の場合と同じ考え方ですが，法人の事業年度はそれぞれ異なるため，合併法人の基準期間に対応する被合併法人の基準期間を確認する必要があります。

その判定は，次のとおりです。

【基準期間に対応する被合併法人の期間】
　合併法人の合併があった日の属する事業年度開始の日の2年前の日の前日から1年を経過する日までの間に終了した期間

これを図で表すと次のようになります。

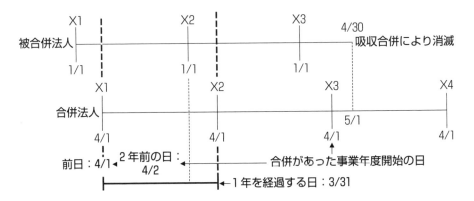

この図でいえば，X1年4月1日からX2年3月31日までの間に終了している被合併法人の期間はX1年12月期であるため，この期が基準期間に対応する期間となります。

そして，納税義務の判定については，たとえば次の図のとおりです。

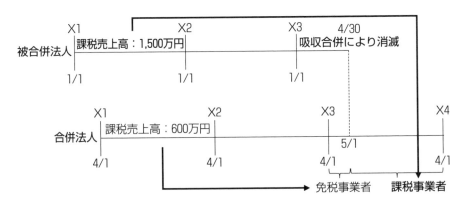

14 納税義務の判定

　この図は，吸収合併をしたことにより，X3年4月30日に被合併法人が消滅して，その事業が合併法人に引き継がれたケースです。この場合，合併法人の基準期間の課税売上高は600万円で，もし合併がなければ，事業者免税点制度によって，この法人はX4年3月期において免税事業者となっていたはずです。

　しかし，合併法人は5月1日に吸収合併によって事業を承継したため，事業を承継した後の合併法人の納税義務の判定は，被合併法人の基準期間に対応する期間の課税売上高が1,000万円以下であるかどうかで，事業者免税点制度に当てはまるかどうかを判断します。

　この図の例であれば，合併法人が事業を承継するまでのX3年4月1日から4月30日までは免税事業者となりますが，5月1日からX4年3月31日までは，被合併法人の事業における基準期間の課税売上高が1,000万円を超えているため，課税事業者となります。

　基準期間の考え方が異なりますが，基本的には相続の場合と同じように考えます。

⑵　合併をした事業年度の翌事業年度の納税義務の判定

　これに対して，合併をした事業年度の翌事業年度の納税義務の判定について紹介します。⑴では，合併法人と被合併法人のそれぞれの基準期間の課税売上高を判断材料として，期間を区切って判定していましたが，合併があった事業年度の翌年以降は，合算して判断することになります。たとえば次の図のとおりです。

193

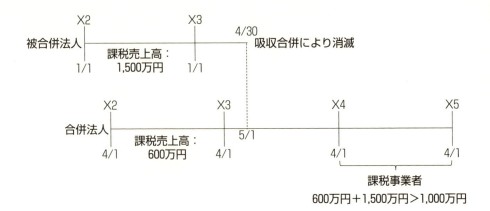

　この図は，先ほどと同様，X3年4月30日に合併によって被合併法人が消滅して，合併法人が被合併法人の事業を承継したケースです。この場合，合併法人の基準期間の課税売上高は600万円で，もし合併がなければ，事業者免税点制度によって，X5年3月期も免税事業者となっていたはずです。

　ここで，(1)の合併をした事業年度の納税義務の判定と異なるのは，合併法人の基準期間の課税売上高だけで事業者免税点制度に当てはまるかどうかを判定した後，合併法人と被合併法人の基準期間の課税売上高の合計額で，再び事業者免税点制度に当てはまるかどうかを判定することです。

　つまり，この図の例であれば，合併法人と被合併法人の基準期間の課税売上高を合計すると2,100万円となるため，合併法人は，X5年3月期は課税事業者となります。

(3) 合併法人の基準期間中に合併をした場合の納税義務の判定

　続いて，合併法人の基準期間中に合併があった場合，つまり，一般的には合併をしてから翌々事業年度の納税義務の判定について紹介します。次の図を使って紹介しますが，こちらは少し複雑です。

14 納税義務の判定

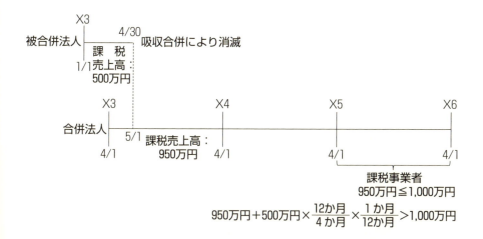

　まず，合併法人の基準期間の課税売上高だけで事業者免税点制度に当てはまるかどうかを判定することは変わりません。それが1,000万円以下となっても，その後，合併法人の基準期間に対応する期間における被合併法人の課税売上高とあわせて判定することになります。

　ここでの注意点は，被合併法人は2事業年度前に消滅しているため，その事業年度は1年間ではありません。そして，合併法人の基準期間に対応する被合併法人の期間（合併前の期間）は4月1日から4月30日までの1か月間のみです。

　そこで，この被合併法人の基準期間に対応する期間としての課税売上高である500万円を年換算し（$\times \frac{12か月}{4か月}$），合併法人の合併前の期間に対応する金額として圧縮（$\times \frac{1か月}{12か月}$）します。

　それを合併法人の基準期間の課税売上高に加えた結果が1,000万円を超えるのであれば，X6年3月期の合併法人は課税事業者となります。

(4) 被合併法人が消費税課税事業者選択届出書を提出していた場合

　この点は，1(4)で紹介した相続の場合と同じ内容なので，そちらを確認してください。

195

> **Point**
>
> 　合併法人の基準期間中に合併がある場合，被合併法人の基準期間に対応する期間の課税売上高について，年換算＋合併前の期間への当てはめ計算が必要です。

3　法人が分割などをした場合

　また，法人だけの話として，法人が分割などによって事業を承継した場合，合併の場合と同じく規模が大きくなるため，事業者免税点制度にそぐわなくなる可能性があります。まず，分割についてここで知っておくべきことは，次のとおりです。

> 【分割とは】
> 　ここでの法人の分割などの意味は，吸収分割や新設分割，現物出資や事後設立のことですが，これらは法人が事業の一部などをほかの法人に引き継がせるものです。
> 　ここでは新設分割についてみていきますが，分割によって新しい法人に事業を引き継がせる法人を「新設分割親法人」と，分割によって事業を新しく引き継いで設立された法人を「新設分割子法人」といいます。

　分割などによって法人が事業を承継した場合には，相続や合併があった場合と同じように，特別な納税義務の判定が用意されています。その内容は，2の合併があった場合と似ている部分がありますが，違う点も少なくないため，これから具体的にみていきます。ここでは，新設分割によって新しく設立する法人に事業を承継したという事例で紹介します。

(1)　新設分割があった事業年度とその翌事業年度の納税義務の判定

　次の図を見てください。これは，新設分割によって事業を引き継いだ，新設分割子法人と呼ばれる新しく設立された法人に関する納税義務の判定です。

　この場合，新設分割子法人は，X4年6月期とX5年6月期については基準

196

期間がありません。しかし、新設分割によって法人を設立する場合、初めから収益の柱となる事業を引き継いで設立されることが多いため、基準期間がないからといって、免税事業者となるのは問題があります。そこで、どのような特別な判定があるのかを説明します。

なお、基準期間がない場合の納税義務の判定については、この次の4で紹介しています。

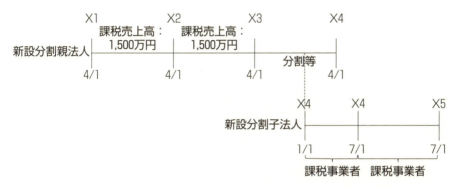

この場合、新設分割子法人のX4年6月期については、基準期間に対応する期間における新設分割親法人の課税期間の課税売上高で納税義務の判定を行うことになっています。

具体的には、新設分割子法人の、判定したい事業年度開始の日の2年前の日の前日から1年を経過する日までの間に終了した、新設分割親法人の事業年度における課税期間の課税売上高を使用します。

この場合には以下の表の課税売上高を使用することになり、それぞれの期間は課税事業者となります。

① X4年6月期→X2年3月期：課税売上高1,500万円
② X5年6月期→X3年3月期：課税売上高1,500万円

(2) 新設分割があった事業年度の翌々事業年度の納税義務の判定

続いて、新設分割が新設分割子法人の基準期間中に行われた場合、つまり、

一般的には新設分割子法人が設立されてから翌々事業年度の納税義務の判定について紹介します。次の図を使って紹介しますが，こちらは少し複雑です。

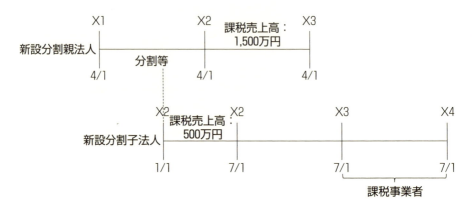

まずは，新設分割子法人の基準期間における課税売上高を使って，事業者免税点制度に当てはまるかどうかを判定します。この場合は，課税売上高が500万円となり，年換算しても1,000万円以下となるため通常は免税事業者となりますが，この次に新設分割子法人の基準期間に対応する新設分割親法人の期間の課税売上高を加味して判定する必要があります。

この場合には，新設分割子法人の基準期間に対応する新設分割親法人の期間（新設分割子法人のその事業年度開始の日の2年前の日の前日から1年を経過する日までに開始した新設分割親法人の各事業年度）の課税売上高との合計が1,000万円を超えることから，事業者免税点制度に当てはまらずに，課税事業者となります。

なお，この新設分割子法人は，特定要件を満たしている必要があります。

【特定要件】
　特定要件とは，新設分割親法人が，新設分割子法人の株式などについて50%超を持っているかどうかという要件などです。
　基準期間に対応する新設分割親法人の期間の課税売上高を合計して納税義務の判定を行うことから，ある程度強い資本の結びつきが必要となります。

(3) 新設分割親法人が消費税課税事業者選択届出書を提出していた場合

この点は，1(4)で紹介した相続の場合と同じ内容なので，そちらを確認してください。

4 資本金1,000万円以上で設立された法人の場合

(1) 基準期間がない法人の納税義務の判定の概要

ここまで，主に**Hop**の部分で基準期間について紹介してきました。基準期間の課税売上高については，さまざまな納税義務の判定をするときの基本となる重要な部分です。

ここで，法人を設立したばかりの場合は基準期間がありません。この場合でも，事業の規模によっては免税事業者とすることが好ましくない場合もあります。そこで，新しく設立された法人であっても，資本金や出資金の額が1,000万円以上の法人については，免税事業者とはならないという制度があります。

なお，新設分割によって新しく設立された法人については，1つ前の3で紹介していますので，そちらを確認してください。

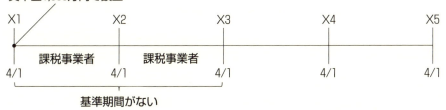

この図では，資本金1,000万円で設立された法人を表しています。この場合，X2年3月期とX3年3月期は基準期間がないため，基準期間の課税売上高を

使った事業者免税点制度の判定ができません。

そこで、これらの基準期間がない課税期間に限って、資本金や出資金の額が1,000万円以上であるかどうかで、納税義務の判定をすることになります。この判定で課税事業者となった場合には、「消費税の新設法人に該当する旨の届出書」を所轄税務署長に提出しなければなりません。

なお、資本金や出資金の額は、その事業年度を開始する日時点のものを使用するため、期中の増資はその事業年度中は影響ありません。

(2) 調整対象固定資産の課税仕入れ等を行った場合

新しく設立された法人は、基準期間がない課税期間に限って資本金や出資金の額によって納税義務の判定がされて、この2年間に調整対象固定資産の課税仕入れ等をした場合には、さらに制限があります。

その課税期間に本則課税によって仕入税額控除を計算しているのであれば、調整対象固定資産を取得しているために多くの仕入税額控除をしたことになるため、その調整対象固定資産の課税仕入れ等をした日の課税期間から3年間、免税事業者に戻れず、簡易課税制度も選べないというものです。

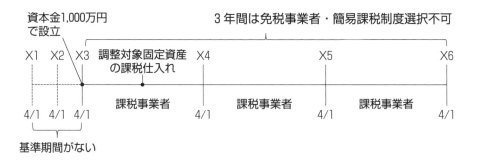

なお、「本則課税」や「調整対象固定資産」の内容については⑨で紹介していますので、確認してみてください。

14 納税義務の判定

> **Point**
> 3期目以降は，資本金や出資金の額の判定が不要となります。

　ここまで，消費税の納税義務の判定について紹介してきました。税理士事務所の日頃の実務で出てくる制度については，*Step*まで理解しておけばおおむね大丈夫かと思います。ここでは，少し難しくなりますが，知っておくべき制度について紹介していきます。

1　一定の大規模事業者に支配される法人の場合

(1)　特定新規設立法人の納税義務の判定の概要

　Step 4 で紹介したように，新しく設立された法人で基準期間がない課税期間においては，その資本金や出資金の額で納税義務の判定をするという制度がありました。
　しかし，新しく設立された法人について，資本金や出資金の額で一律に線引きをしてしまうことは，公平ではない場合があります。たとえば，資金力や営業ルートなどを持つ大手企業が子会社を設立して，資本金を少なく設定した場合などです。この場合，新しく設立された法人であっても，1期目から多くの課税売上げを計上することもあります。そのため，新しく設立された法人のうち，一定の大規模法人に支配されている法人は，資本金や出資金の額が1,000万円未満であっても，課税事業者となるという制度があります。
　具体的には，次の2つの要件を満たしている場合には，新しく設立された法人の，基準期間がない課税期間については，課税事業者となります。

【課税事業者となる要件】
① 大規模事業者などに支配されているという特定要件を満たすこと
② その支配している大規模事業者などの基準期間に相当する期間の課税売上高が5億円超となること

この2つの要件を満たした法人は,「特定新規設立法人」と呼ばれる法人になります。また,「特定要件」については,他の者によってその法人の株式などを直接または間接的に50％超保有されているなどの一定の場合です。

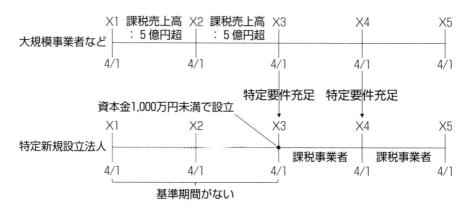

この制度によって課税事業者となった場合,「消費税の特定新規設立法人に該当する旨の届出書」を所轄税務署長に提出しなければなりません。

なお，注意したい点として，特定要件は，直接の親子関係である場合はもちろん，兄弟会社の関係であっても当てはまります。そして，基準期間に相当する期間の課税売上高については，支配している者と特別な関係にある法人の課税売上高も含まれます。たとえば次の図を見てください。

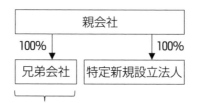

この場合には，兄弟会社の基準期間に相当する期間の課税売上高が5億円超であるため，この親会社が新しく法人を設立したとしても，設立初年度から課税事業者となるのです。

(2)　調整対象固定資産の課税仕入れ等を行った場合

　資本金1,000万円以上で設立された法人の場合と同じように，この制度によって課税事業者となっている課税期間において，調整対象固定資産の課税仕入れ等をした場合には制限があります。

　その課税期間に本則課税によって仕入税額控除を計算しているのであれば，調整対象固定資産を取得しているために多くの仕入税額控除をしたことになるため，その調整対象固定資産の課税仕入れ等をした日の課税期間から3年間，免税事業者に戻れず，簡易課税制度も選べないというものです。

> **┃ Point ┃**
>
> 　特定要件は，「他の者」に支配されていることであるため，個人も含まれます。したがって，法人成りなどに注意が必要です。

2　高額特定資産の課税仕入れ等をした場合

　ここまで紹介してきたさまざまな制度の中には，調整対象固定資産の課税仕入れ等をした場合の特別な取扱いがありました。これまでに調整対象固定資産の話が出てきたのは，

> *Hop* 2：事業者が課税事業者となることを選んだ場合
> *Step* 4：資本金1,000万円以上で設立された法人の場合
> *Jump* 1：一定の大規模事業者に支配される法人の場合

という3つの場合で，自分で選択した場合と，基準期間がないために課税事業者となることが強制される場合でした。

　ということは，自ら課税事業者となることを選ばずに，基準期間の課税売

上高によって課税事業者となる事業者にとっては，設立してから数年間気をつければ，消費税の租税回避ができてしまう可能性もあります。

そこで，本則課税によって仕入税額控除を行うすべての事業者を対象として，高額特定資産の課税仕入れ等を行った場合には，その後3年間は免税事業者とはなれず，簡易課税制度を選ぶこともできないという制限があります。

【高額特定資産とは】
　棚卸資産や調整対象固定資産のうち，その税抜価額が1,000万円以上のものです。この高額特定資産に当たるかどうかの判定は，取引の単位ごとに行うため，その資産1つ当たりが1,000万円以上かどうかを判断することになります。

これを図に示したものが，次の図となります。

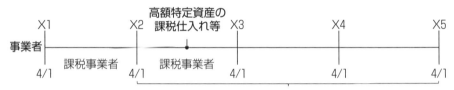

Point
・高額特定資産の課税仕入れ等の制限は，すべての事業者が対象です。
・簡易課税制度を選んでいる課税期間に高額特定資産の課税仕入れ等をした場合には，この制限はありません。

ここまで紹介してきたすべての納税義務の判定について，フローチャートの形で示したものを次のページで紹介しますので，納税義務の判定の参考にしてください。

14 納税義務の判定

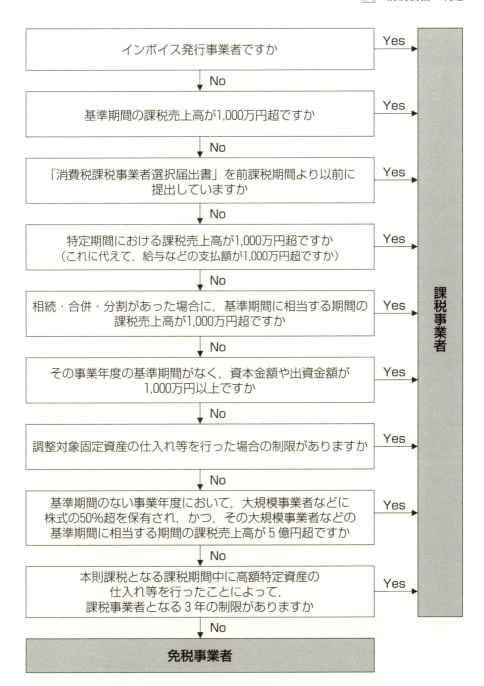

Follow-Up

　この章では，消費税の納税義務の判定について，その取扱いの概要を紹介しています。納税義務の判定についてさらに勉強したい方は，たとえば次のような論点を勉強すると，理解がさらに深まると思います。

①	課税事業者を選択している間などに調整対象固定資産を売却した場合の取扱い
②	前事業年度が１年でない法人の特定期間の判定
③	新設合併があった場合の納税義務の判定
④	特定要件の詳細や吸収分割があった場合の納税義務の判定
⑤	自己建設高額特定資産の概要と取得した場合の取扱い
⑥	高額特定資産である棚卸資産などについて棚卸資産の調整が行われた場合

【監修者略歴】

芹澤　光春（せりざわ　みつはる）

税理士（東海税理士会）

2000年　税理士登録

2001年　芹澤光春税理士事務所開業

2011年　第34回日税研究賞（税理士の部）入選

2014年　第10回「税に関する論文」納税協会特別賞

2017年〜2021年　東海税理士会税務研究所副所長

2018年〜現在　一般社団法人日税連税法データベースTAINS要点作成メンバー

〈著書〉

『消費税　重要論点の実務解説』（大蔵財務協会，2018）

『消費税率引上げ・軽減税率・インボイス業種別対応ハンドブック［改訂版］』（共著）
　　（日本法令，2019）

『消費増税・軽減税率対策　転嫁・インボイスはこう進める』（共著）（ぎょうせい，
　　2019）

『個人版事業承継税制のポイントと有利判定シミュレーション』（共著）（日本法令，2019）

『ワークフロー式　消費税［軽減税率］申告書作成の実務』（共著）（日本法令，2020）

『消費税　適用判断の原則と例外』（共著）（新日本法規，2021）

【著者略歴】

中尾　隼大（なかお　しゅんた）

税理士（中国税理士会）

2010年　税理士法人プライスウォーターハウスクーパース（現・PwC税理士法人）入所

2012年　税理士登録

2013年　税理士法人中尾総合事務所設立

2016年〜現在　中国税理士会税務研究所研究員

2017年　第40回日税研究賞（税理士の部）入選

2018年〜現在　一般社団法人日税連税法データベースTAINS要点作成メンバー

2022年　税理士制度80周年記念 日税連会長特別賞

〈著書〉

『消費増税・軽減税率対策　転嫁・インボイスはこう進める』（共著）（ぎょうせい，
　　2019）

『個人版事業承継税制のポイントと有利判定シミュレーション』（共著）（日本法令，2019）

『ワークフロー式　消費税［軽減税率］申告書作成の実務』（共著）（日本法令，2020）

『消費税　適用判断の原則と例外』（共著）（新日本法規，2021）

*Hop Step Jump*式
税理士事務所職員のための消費税実務

2024年10月15日　第1版第1刷発行

監修者	芹 澤 光 春	
著 者	中 尾 隼 大	
発行者	山 本 　 継	
発行所	㈱中 央 経 済 社	
発売元	㈱中央経済グループ パブリッシング	

〒101-0051　東京都千代田区神田神保町1-35
電話　03（3293）3371（編集代表）
03（3293）3381（営業代表）
https://www.chuokeizai.co.jp

© 2024
Printed in Japan

印刷／三英グラフィック・アーツ㈱
製本／侑 井 上 製 本 所

＊頁の「欠落」や「順序違い」などがありましたらお取り替えいた
しますので発売元までご送付ください。（送料小社負担）

ISBN978-4-502-50541-6　C3034

JCOPY〈出版者著作権管理機構委託出版物〉本書を無断で複写複製（コピー）することは，
著作権法上の例外を除き，禁じられています。本書をコピーされる場合は事前に出版者
著作権管理機構（JCOPY）の許諾を受けてください。
JCOPY〈https://www.jcopy.or.jp　eメール：info@jcopy.or.jp〉